Le Monde des Sept Merveilles

Le Monde des Sept Merveilles

Images de Jean-Claude GOLVIN,

avec la collaboration de Sophie REVAULT, artiste-peintre

Textes d'André COUTIN

Préface de Mounir BOUCHENAKI,
directeur de la Division du patrimoine
culturel de l'UNESCO

SOLAR

Si vous souhaitez recevoir notre catalogue
et être tenu au courant de nos publications,
envoyez-nous vos nom et adresse, en citant ce livre
et en précisant les domaines qui vous intéressent.

Éditions SOLAR
12, avenue d'Italie
75013 PARIS
internet : www.solar.tm.fr

Conçu et réalisé par ELSE pour les Éditions Solar.
Conception graphique de la couverture : Carmèle Delivré.
Photogravure : Quat'coul, Toulouse.

ISBN : 2-263-02997-4
Code éditeur : S 02997

Sommaire

De la liste des Sept Merveilles à celle du patrimoine mondial

Les Anciens se doutaient-ils qu'un jour leurs descendants allaient reprendre leur idée jusqu'à lui dédier une convention internationale ? Dans l'Antiquité, on s'était déjà attaché à reconnaître des œuvres extraordinaires que la tradition grecque consacra comme Merveilles du monde.

En retrouvant aujourd'hui, grâce aux images de Jean-Claude Golvin présentées par André Coutin, les ensembles architecturaux d'Alexandrie – dont le Phare est plus que jamais l'objet de recherches archéologiques prometteuses –, les pyramides de Gizeh, Babylone, Halicarnasse, Olympie, Éphèse et Rhodes, on ne peut s'empêcher de faire le rapprochement avec l'idée moderne du patrimoine mondial. Quelle relation existe ou a pu exister entre chacune de ces Merveilles, si ce n'est qu'elles étaient déjà considérées comme un témoignage unique, irremplaçable et sans prix ? C'est bien cette notion de valeur universelle exceptionnelle qui a sous-tendu le développement, au cours du XXe siècle, du concept de « patrimoine commun de l'humanité ».

Sources de fascination, ces Merveilles du monde sont perçues désormais comme les précurseurs des monuments et sites inscrits sur la liste du patrimoine mondial. Consciemment ou non, les rédacteurs de la Convention pour la protection du patrimoine mondial culturel et naturel adoptée par la Conférence générale de l'UNESCO en 1972 ont puisé dans l'inconscient collectif, où se trouve la puissance évocatrice du récit littéraire du *De septem orbis miraculis*, attribué à Philon de Byzance.

Les monuments qui ont ainsi été retenus sur une liste comptant 630 sites en l'an 2000, et qui continue à se développer, ont échappé tant bien que mal aux cataclysmes et aux destructions dues aux conflits. Ils ont subi l'usure du temps et des éléments, et portent la trace des déprédations, de l'incurie ou de restaurations mal conçues. À cela, le monde moderne ajoute les menaces que font peser la croissance urbaine incontrôlée, les émanations de gaz polluants et les vibrations du sol.

C'est ainsi que le XXe siècle est reconnu comme celui qui a vu naître la prise de conscience du concept de « patrimoine mondial », dont la portée transcende toute frontière politique ou géographique. Où qu'ils se trouvent, les monuments n'ont jamais été mieux connus et plus universellement appréciés que de nos jours, grâce au progrès de la communication, au développement des loisirs et du tourisme.

Certes, il ne reste plus qu'une seule des Sept Merveilles conservée et admise également parmi les tout premiers sites du patrimoine mondial proclamés par l'UNESCO en 1979, la Grande Pyramide de Khéops à Gizeh, comme témoignage d'une architecture insigne. Le conservateur de ce site, M. Zahi Hawass, écrivait à ce sujet, dans un article consacré à la gestion touristique du plateau de Gizeh : « Les pyramides de Gizeh sont probablement les monuments anciens les plus connus du monde. Seules survivantes des Sept Merveilles du monde des Anciens, la Grande Pyramide de Khéops et ses deux voisines ont subi les ravages des pilleurs de pierres, des chasseurs de trésors, des fanatiques et des touristes. Leur taille colossale et leurs proportions parfaites ne manquent pourtant pas d'étonner les visiteurs. L'exploit technique inégalé de leur construction nous émerveille autant que la recherche mystique de l'immortalité inhérente à leur conception et à leur parti architectural.[1] »

Ne retrouvons-nous pas dans cette citation tous les éléments qui ont conduit nos contemporains à être de plus en plus nombreux à sentir que ces Merveilles du monde – où qu'elles se trouvent – sont aussi précieuses que s'ils en étaient personnellement propriétaires ?

C'est ce que cet ouvrage remarquable a cherché à nous prouver.

Mounir Bouchenaki
Directeur de la Division du patrimoine culturel de l'UNESCO

1. Actes de la Table Ronde, culture, tourisme, développement : les enjeux du XXIe siècle, Paris, 26-27 juin 1996.

Voyage aux sommets de l'architecture

À Manhattan, les vitraux qui décorent l'entrée de l'Empire State Building représentent les Sept Merveilles du monde : la Grande Pyramide de Khéops, les Jardins suspendus de Babylone, le Temple d'Artémis à Éphèse, le Zeus olympien, le Mausolée d'Halicarnasse, le Colosse de Rhodes et le Phare d'Alexandrie. Il semble qu'aucune architecture grandiose ne puisse être érigée sans que cette référence à l'Antiquité ne soit évoquée, comme s'il s'agissait de relever le défi, d'égaler ou de surpasser les sept parangons.

La notion de choix ayant présidé à une sélection d'œuvres monumentales est sans doute née dans les esprits dès le Vᵉ siècle avant J.-C., mais l'idée d'en dresser une liste ne s'est imposée que plus tard : il y eut plusieurs « donnes », bon nombre de variantes et de multiples ratures, avant que la liste des Sept ne devienne canonique, sans doute après la construction du Phare d'Alexandrie (IIIᵉ siècle avant J.-C.).

Il est d'ailleurs étonnant qu'elle n'ait pas été remise en question jusqu'à nos jours, d'autant que le choix se limite à une seule aire géographique et ignore bien des civilisations. Une telle souveraineté inaliénable ne peut échapper à la critique contemporaine dans un monde qui se veut sans frontières, au moins pour l'art, et pluriel, pour la culture.

Bien avant que la notion de concours de beauté architecturale et plastique dans le monumental et le colossal ne fasse fureur en Occident, le concept de Merveille existait déjà chez les Anciens. Tout d'abord, les monuments distingués entre tous ne furent pas classés comme *thaumata* au sens de prodiges, mais comme *theamata,* c'est-à-dire « choses dignes d'être vues », ce qui correspond aujourd'hui à l'expression, somme toute banale, de « monuments remarquables » citée par les guides de voyage. Mais les temps modernes ont retenu le caractère d'exception de la Merveille.

Hérodote (Vᵉ siècle avant J.-C.), le père de l'Histoire, est le premier à magnifier des édifices comme les pyramides. Diodore de Sicile, contemporain de Jules César, parle de Khéops et des Jardins suspendus de Babylone. Vitruve, historien romain de la même époque, évoque le Mausolée d'Halicarnasse comme l'une des Sept Merveilles du monde. Quintus Curtius Rufus cite Babylone. Pline l'Ancien, au Iᵉʳ siècle de notre ère, s'écarte de la liste canonique pour célébrer les dix-huit Merveilles de la ville de Rome. Au IIᵉ siècle, Pausanias vante non seulement la statue de Zeus à Olympie, mais aussi le théâtre et la tholos à Épidaure, ainsi que le temple d'Apollon à Bassae dans le Péloponnèse.

Philon de Byzance a été longtemps admis comme l'inventeur de la liste canonique qui s'est imposée jusqu'à nos jours. Il n'est en fait qu'un compilateur tardif et avisé de sources anciennes.

Une confusion sur l'identité de l'auteur de cette liste a entraîné un malentendu persistant sur sa datation. Le texte de référence nous a été transmis par des copies.

Au XVIIIᵉ siècle, des érudits font état d'un manuscrit grec d'un certain Philon de Byzance : *Péri ton hépta théamaton* (*De septem orbis miraculis,* en latin). On a longtemps pris ce rhéteur du IVᵉ siècle de notre ère pour son homonyme, auteur de *la Syntaxe mécanique* (225 avant J.-C.), qui décrivait les techniques de siège et de défense des cités. L'écriture de ce dernier n'a rien de commun avec celle, emphatique et décadente, du Philon de la liste canonique, qui annonce dans son avant-propos sept Merveilles et n'en décrit que six : il ne mentionne pas le Phare d'Alexandrie. On pense aujourd'hui que, tout en ayant cité la liste, ce Philon n'en a pas la paternité. Son inventeur reste donc hypothétique, sans doute un émule d'Alexandre le Grand.

La carte du monde des Sept Merveilles :
des conquêtes d'Alexandre le Grand
à l'Empire romain

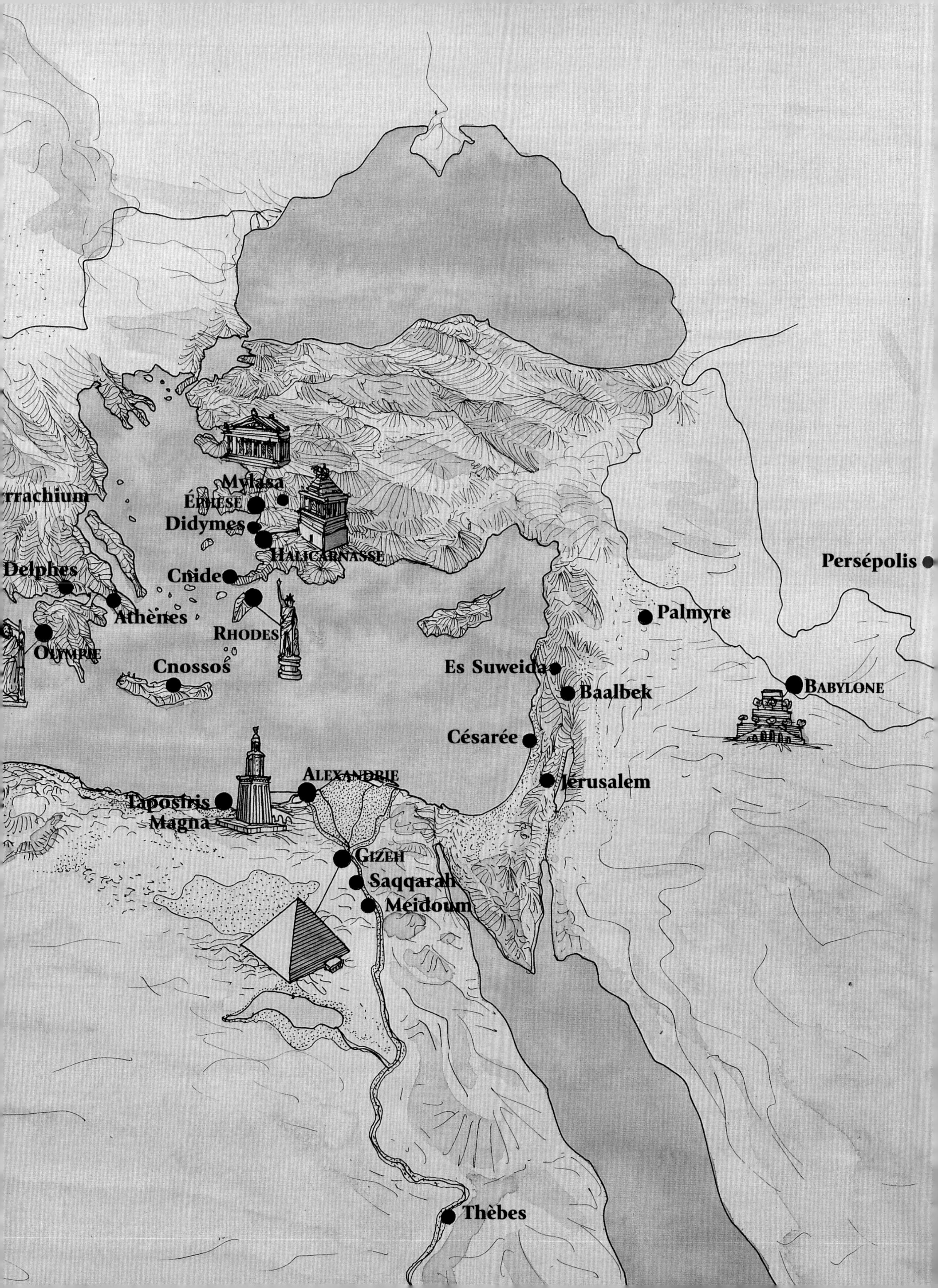
rrachium
Mylasa
Éphèse
Didymes
Halicarnasse
Cnide
Delphes
Athènes
Rhodes
Olympie
Cnossos
Persépolis
Palmyre
Es Suweida
Baalbek
Babylone
Césarée
Jérusalem
Alexandrie
Taposiris
Magna
Gizeh
Saqqarah
Meidoum
Thèbes

Pourquoi sept ? Le chiffre 7, cher aux pythagoriciens et valeur numérique faste, était sûrement prédestiné à limiter la liste canonique dans l'esprit des sélectionneurs. On peut discuter à loisir les critères de choix. « Quand on nomme l'une des Merveilles, observe Olivier Poisson, inspecteur général des Monuments historiques, on voit s'auréoler quelque forme incroyable, un ouvrage quasi impossible à construire. On est saisi d'un étonnement primaire. Une masse surgit dont l'équilibre surprend. La dimension insolite ne suffit pas à l'élire entre toutes. Cette masse est associée à l'héritage d'un culte ésotérique : Artémis à Éphèse, Hélios à Rhodes, Zeus à Olympie. »

Deux des Merveilles – la Grande Pyramide de Khéops et le Mausolée d'Halicarnasse – sont des monuments funéraires. Ce n'est pas un hasard : les souverains de l'Antiquité s'élevaient des sépultures comme gages d'immortalité. Aussi n'est-il pas surprenant de trouver les tombeaux les plus extraordinaires sur la liste canonique. Ce critère de durée a été appliqué aux autres œuvres. La Merveille est un monument édifié pour traverser le temps et porter témoignage de ce qui a disparu. S'ajoute à cela un autre critère, celui du pouvoir d'une divinité, d'un pharaon, d'un roi ou d'une cité – les Jardins suspendus sont intimement associés à la puissance de Babylone, et le Phare au rayonnement intellectuel et spirituel d'Alexandrie.

Cinq des Sept Merveilles sont des prodiges du miracle grec. La sélection traduit la suprématie de la civilisation hellénique. Les ouvrages colossaux ont été érigés à Olympie et dans les « nouveaux territoires » où prédominait la culture grecque.

Au ve siècle avant notre ère, les Jardins suspendus de Babylone et la Grande Pyramide de Khéops faisaient l'admiration, et ont certainement servi de références. Le monde hellénique veut lui aussi frapper les imaginations et va à son tour ériger de prestigieux monuments. Une émulation saisit les Rhodiens, les Cariens, les Alexandrins et les Éphésiens : de grands chantiers s'ouvrent, les cités et les souverains assurent le mécénat, les ateliers d'artistes sont mobilisés.

Des sept chefs-d'œuvre de la liste canonique et qui semblent avoir bénéficié d'une approbation universelle, un seul a échappé à la ruine : la Grande Pyramide, le plus ancien. Les autres, disparus, ont été livrés à notre imaginaire et, selon les âges et les modes, ont été représentés d'une façon fantasmatique.

Les images de reconstitution, ou de restitution, rassemblées ici diffèrent sensiblement de visions fantaisistes que peintres, dessinateurs et architectes ont produites depuis la Renaissance. Jean-Claude Golvin, architecte et expert en l'art de restituer des monuments et des sites de l'Antiquité, a intégré toutes les données de la recherche archéologique et historique, et les a confrontées à l'appréhension contemporaine du passé, pour créer ou recréer la forme la plus probable de chacune des Sept Merveilles.

Chaque monument, chaque site est dessiné et peint en panoramique dans toute sa splendeur et en plans rapprochés sous des angles étonnants. Cette mise en perspective des Merveilles, à laquelle s'ajoutent des comparaisons visuelles avec d'autres chefs-d'œuvre architecturaux, renouvelle ce sujet emblématique et l'enrichit de toutes les connaissances actuelles.

Le Monde des Sept Merveilles est un voyage aux sommets de l'architecture et de la statuaire colossale. Parcourir son aire géographique est une redécouverte de l'empire d'Alexandre le Grand, qui fonda Alexandrie, s'arrêta à Éphèse et mourut à Babylone.

Le souci d'exactitude n'ôte rien au rêve. Tout en s'attachant à recomposer les Merveilles avec la rigueur qu'exige tout scientifique, Jean-Claude Golvin[1] a aussi laissé l'artiste qui est en lui interpréter ce qui demeure à l'état d'hypothèse. Et, sans jamais céder au romantisme des ruines, il nous propose à la fois de contempler le paysage recomposé et de tenter de retrouver l'émotion du voyageur de jadis avec notre sensibilité.

1. *Directeur de recherches au CNRS.*

La Grande Pyramide de Khéops

Le tombeau du roi Khéops avec son revêtement d'origine.

Des Sept Merveilles du monde, une seule a échappé à la ruine : la Grande Pyramide de Khéops. Il n'est pas surprenant qu'arasé, enfoui ou disparu, un monument prenne une dimension mythique et exerce une fascination sans borne. Que l'unique des sept élues encore présente de toute sa masse conservée, que la plus visible demeure la plus mystérieuse est donc une ironie de l'Histoire. Son enveloppe attire les foules. Sa structure interne attise les convoitises. La recherche scientifique est doublée d'une chasse au trésor délirante.

Les pyramides de Gizeh
Khéops, Khéphren, Mykérinos replacées dans l'ensemble de leur grand complexe funéraire. Chacune étant reliée à deux temples et toutes les trois sous la protection du Sphinx.

La place du pharaon
Au cœur de la pyramide de Khéops, la chambre du roi. On n'y a retrouvé qu'un sarcophage vide. Le plafond est constitué de neuf dalles de granit de 400 tonnes.

La route des pyramides
Des portes du Caire à celles de Memphis, du site de Gizeh à l'aire de Saqqarah, et au-delà vers le Fayoum, s'étend, sur le sable du désert et de nécropole en nécropole, une « route des pyramides » de plus de 30 kilomètres.

Le temple funéraire
Avant de s'achever à l'intérieur de la Grande Pyramide, le dernier voyage du pharaon devait se dérouler en plusieurs phases depuis le débarcadère : la première étape dans le temple bas suivie d'une procession par une chaussée d'accès de près de 1 kilomètre, puis d'une station dans le temple haut.

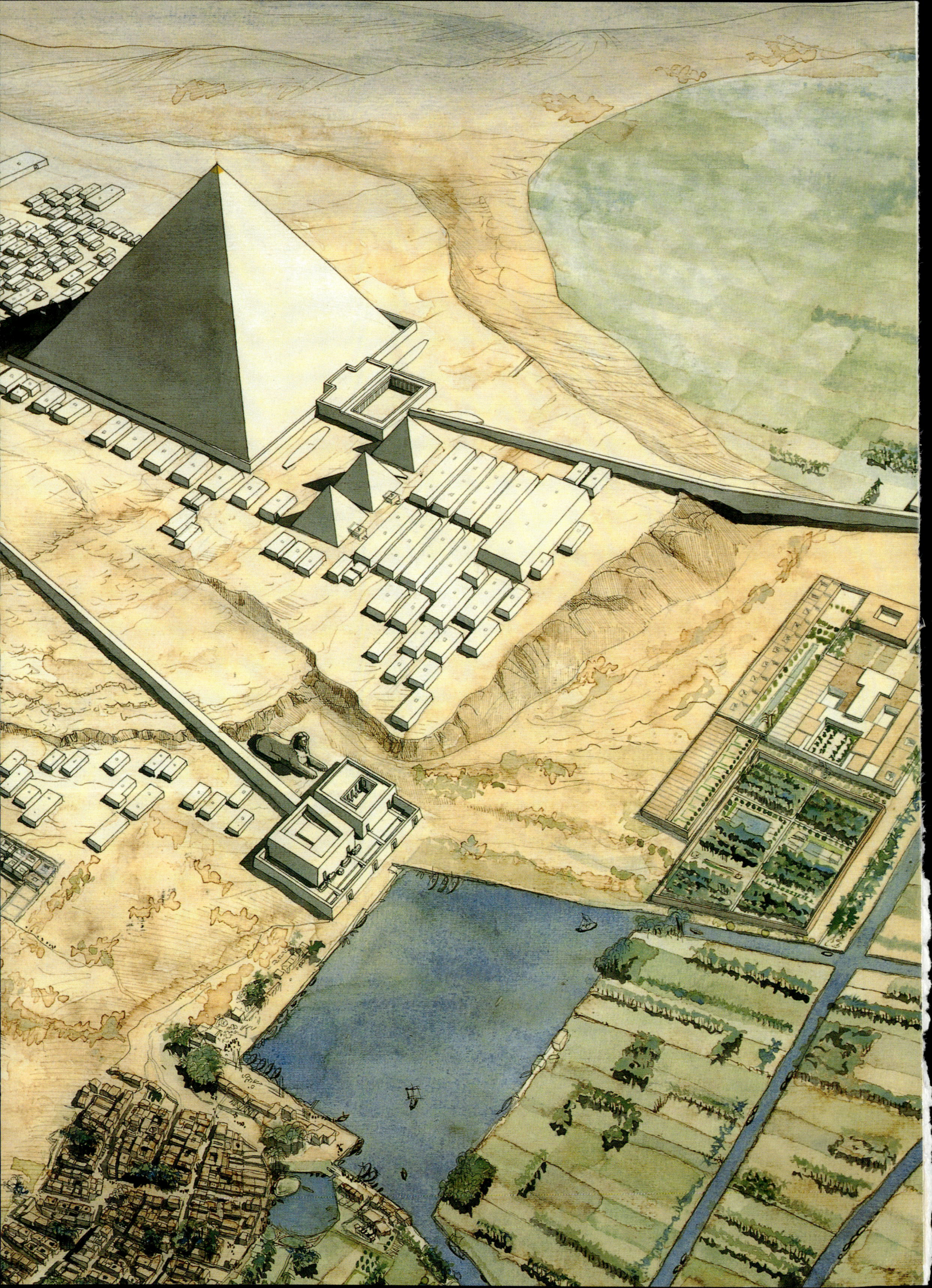

Des plans inclinés
Pour lever les blocs et les assembler, les bâtisseurs de Khéops n'ont pas utilisé la technique de l'échafaudage mais plus vraisemblablement celle de la rampe axiale dressée contre la base de la future pyramide. L'assise du chantier aurait été ainsi peu à peu surélevée. Une seule rampe ou quatre ? À Licht (région du Fayoum), on a retrouvé trace de quatre rampes latérales autour de la pyramide de Sésostris Ier. Alors, pourquoi pas à Gizeh ? C'est l'hypothèse ici retenue.

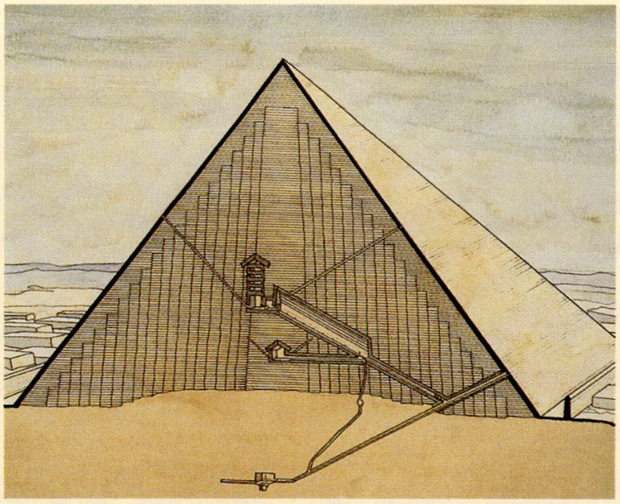

Les chambres secrètes
À l'intérieur de la Grande Pyramide : trois chambres funéraires – la première, la plus basse, creusée dans le rocher, sans emploi ; la deuxième, plus haute, dite « de la reine » ; la troisième, celle du roi à laquelle on accède par une galerie et un vestibule à herses –, au-dessus cinq chambres de décharge.

Une mystérieuse montagne de pierre

La seule rescapée des Sept Merveilles, la seule encore visible, n'en garde pas moins sa dimension mythique. Jamais travaux pharaoniques ne furent plus ambitieux. Si le secret de sa construction n'est désormais plus une énigme, son « trésor caché », sans doute imaginaire, continue à faire rêver.

Sur une rampe, des portefaix tirent des traîneaux chargés d'énormes blocs vers une plate-forme carrée. Extraites de carrières de calcaire blanc, les pierres glissent mètre par mètre, tractées par des cohortes de manutentionnaires. Elles sont empilées sur l'assise en brique crue. Les chefs d'équipe contrôlent la bonne équerre des pentes. Le chantier s'élève lentement au rythme des attelages minuscules véhiculant les pierres cyclopéennes. Une longue procession se déroule sur le plateau de Gizeh, aux portes du Caire, en un lieu proche du site de la bataille des Pyramides, là où l'armée de Bonaparte défit la cavalerie mamelouk en 1798…

Est-ce un mirage ou bien le tournage d'un péplum ? Pourquoi entreprendre à la fin du xxe siècle un nouveau chantier pour édifier « à l'ancienne » une pyramide ? Certes, le monument expérimental qui s'y érige apparaît, avec ses proportions, comme un modèle réduit de la Grande Pyramide qui, du haut de ses

Le site de Saqqarah

Sur une aire de 7 kilomètres de longueur et de 1,5 de largeur, Saqqarah est l'une des plus importantes nécropoles de Basse-Égypte. Là se dressent les complexes funéraires de Djoser, Ounas, Pépi Ier et Pépi II, ainsi que les plus beaux mastabas de l'Ancien Empire, les tombeaux civils et le Serapeum, cimetière des animaux sacrés.

quarante-six siècles, contemple la manœuvre. Cette fois, les porteurs ne sont pas des fils du Nil mobilisés par le roi Khéops, deuxième pharaon de la IVe dynastie, ce sont des travailleurs engagés par une équipe de chercheurs japonais voulant vérifier sur le terrain ce qu'ils croient être la technique de construction de la Merveille : les « esclaves du pharaon » évoqués par Hérodote, le père de l'Histoire, ont-ils ou non gravi pas à pas une rampe axiale dressée contre la base de la future pyramide ?

Cent mille ouvriers

L'édification de Khéops est un casse-tête pour les archéologues et architectes modernes. Comment des hommes de la haute Antiquité ne connaissant pas encore le palan et la poulie (utilisés seulement à partir de l'époque gréco-romaine) et ne pouvant treuiller des charges ont-ils pu superposer des blocs de plusieurs tonnes (15 à la base, 5 au milieu, 2 au faîte) ? On a imaginé des astuces à la Léonard de Vinci : systèmes de leviers et rouleaux, rampes en spirale, circulaire ou axiale.

La technique de l'échafaudage étant exclue, les Japonais ont mis en application la théorie de la rampe externe unique et ont testé la méthode de portage. Ils ont prouvé qu'il n'est pas impossible de surélever ainsi peu à peu l'assise du chantier, bien que cela suppose d'étaler la pente de la rampe sur au moins 1 500 mètres de long. Leur essai sur place n'apporte pas de certitude historique. Il est intéressant de se référer à un autre site archéologique : à Licht, on a retrouvé trace de quatre rampes latérales autour de la pyramide de Sésostris Ier. On peut transposer ce système à Gizeh. Toutefois, autant le terrain était dégagé à l'est, entre le Nil et le plateau, autant il ne l'était pas dans les autres directions. Quoi qu'il en soit, les travaux pratiques à ciel ouvert des Japonais ont dissipé les nuées. Khéops n'est pas l'œuvre d'extra-terrestres et n'a pas requis l'aide de faiseurs de miracles, mais seulement une patience de fourmi. Néanmoins, le bons sens et la rationalité des archéologues n'ont pas empêché les petits génies d'imaginer des méthodes plus sophistiquées. Ainsi, un bricoleur a conçu en laboratoire une maquette du chantier de la Grande Pyramide. Autour de l'assise d'un pyramidon, il a aménagé un système d'écluses en escalier, pour faire monter de niveau en niveau des barges sous lesquelles un bloc est arrimé. Aux yeux de l'inventeur, il n'y avait plus qu'à transposer le chantier en grandeur nature sur le plateau de Gizeh. Apprenant la nouvelle, la communauté scientifique s'en divertit fort et s'accrocha plus que jamais à l'idée de la rampe externe et de la traction humaine.

L'édifice continue à défier l'entendement. D'après Philon de Byzance, célébrant la Merveille, la Grande Pyramide est « une montagne édifiée sur une montagne », montagne artificielle créée par un

Une première
La pyramide de Djoser constitue une innovation dans le domaine de l'architecture funéraire de l'Ancien Empire. L'architecte du roi, Imhotep, a conçu un mastaba, sur lequel ont été superposés des niveaux en gradins. Ainsi est née la pyramide à degrés.

Une ancêtre
Première pyramide à degrés à avoir été couverte d'un revêtement, Meidoum est l'ancêtre des pyramides à pentes lisses. Achevée par Snéfrou, père de Khéops, elle est la pièce maîtresse d'une nécropole du début de la IVe dynastie (Ancien Empire).

amoncellement de blocs constituant une masse compacte d'un volume de 2 592 100 m³ sur une base carrée de 246,26 m de côté (on a dit que Khéops pourrait contenir la basilique Saint-Pierre de Rome). Pendant vingt ans, le chantier a employé en permanence 100 000 ouvriers relayés tous les trois mois. La chaussée d'accès de près de 1 kilomètre de long sur 18,47 m de large a exigé dix années de terrassement. On a estimé que 2 300 000 blocs avaient dû être transportés et hissés pour dresser le monument royal. Le calcul est très approximatif et le compte inférieur au total réel. Le revêtement fut posé du sommet vers la base avec des pierres de calcaire blanc extraites des carrières de Tourah.

Khéops n'est pas isolée comme une météorite tombée dans le désert, elle est l'aînée d'un groupe de trois pyramides alignées. Ses voisines Khéphren et Mykérinos portent aussi le nom d'un pharaon. Si Khéops avec son revêtement d'origine était plus haute que Khéphren, elle ne la dépassait que d'une courte tête. En revanche, Mykérinos est beaucoup plus petite, sa hauteur ne dépassant pas 66 mètres. À la suite du pillage médiéval, la taille de Khéops a été réduite de 9 mètres, elle mesure aujourd'hui 138 mètres.

Plus que par ses mensurations, Khéops doit sa prééminence à sa structure intérieure davantage complexe. En effet, la présence de trois chambres funéraires, alors que Khéphren et Mykérinos n'en comptent qu'une, l'a parée d'une aura singulière.

L'entrée par laquelle le pharaon défunt fut porté vers sa dernière demeure a été ménagée sur la face nord, en regard de l'étoile polaire, à 17 mètres au-dessus du sol. Aujourd'hui, les visiteurs pénètrent à l'intérieur de la pyramide par une autre ouverture pratiquée au-dessus de la porte funéraire par les Arabes, et dite « trou de Ma'mum », du nom du fils du fameux calife héros des ***Mille et Une Nuits***. Il ne s'agit pas de l'entrée des premiers pillards qui, elle, daterait du XXIIe siècle avant J.-C.

La création de l'hypogée
Sur la rive ouest du Nil, adossé à l'une des falaises des nécropoles de Thèbes, le temple de Deir el-Bahari est un sanctuaire consacré à la reine Hatshepsout. Il marque une nouvelle conception de l'architecture funéraire sous le Nouvel Empire : l'hypogée (tombe creusée dans la montagne) remplace le caveau pyramidal.

Le couloir d'accès mène à une bifurcation : une première branche descend jusqu'à une chambre souterraine creusée dans le rocher sous le centre de la pyramide, cavité restée sans emploi ; une seconde branche, couloir ascendant, conduit à une deuxième chambre, dite « de la reine ». Si l'on continue à gravir la pente, on débouche dans une grande galerie haute de 8,50 m et longue de 47 mètres. À son extrémité, un vestibule à herses de granit barre l'entrée de la chambre du roi, placée au cœur de l'édifice. Le plafond est un assemblage de neuf dalles de granit pesant 400 tonnes. Au-dessus, cinq espaces superposés, « les chambres de décharge », amortissent les poussées de la masse supérieure. La grande galerie a été dimensionnée pour stocker les « blocs-bouchons » destinés à obstruer le passage après l'inhumation du pharaon. Une fois le couloir d'accès condamné, comme il n'était pas de coutume d'enterrer vivant l'entourage du roi, des conduits permettaient l'évacuation des fossoyeurs.

Un grenier imaginaire

On n'a pas trouvé trace de la momie royale, alors que des ossements ont été recueillis dans le sarcophage de Mykérinos. Cette absence a excité la fièvre des chercheurs. Le nombre de cavités (trois chambres funéraires, cinq chambres de décharge) apparaît insolite, anormal. Pourquoi ne trouve-t-on pas d'autres creux dans cette montagne de pierre ? On a foré et sondé dans l'espoir de détecter des chambres secrètes et des passages occultés. En vain ! Les échecs, loin de calmer les esprits, ont renforcé le mystère. Après la chute de l'Empire égyptien, de cénotaphe grandiose, la Grande Pyramide devint, au cours des siècles, le réceptacle d'un trésor caché et de secrets kabbalistiques. L'imagination n'a cessé de creuser des labyrinthes dans une masse pleine et d'une densité extraordinaire. Que n'y a-t-on logé ? L'arche de Noé ou encore le « grenier de Joseph » car elle aurait, dit-on, servi de silo à blé pour entreposer des réserves de grains en prévision des sept années maigres prophétisées dans l'Ancien Testament. La métaphore alimentaire pourrait se justifier par l'étymologie grecque : *pyramis*, qui a donné « pyramide », celui-ci n'étant après tout qu'un gâteau au sésame de forme… pyramidale.

Ni tombeau, ni arche, ni silo : pour les visionnaires, Khéops n'a aucune fonction pratique. Elle est un coffre-fort qui enferme un message codé. Au siècle des lumières, un astronome écossais, Piazzi Smyth, chercha à élucider « la coudée royale de l'Égypte », une unité de mesure secrète qui aurait été

Les pylônes d'Amon
À Thèbes, l'enceinte sacrée d'Amon-Rê abrite un lac sacré et un remarquable ensemble architectural. Sur l'axe est-ouest s'échelonnent six pylônes, sur l'axe nord-sud quatre autres. On a comparé ces pylônes à des pyramides tronquées. Ces monuments sont constitués de deux môles trapézoïdaux qui, séparés par un portique, marquent l'entrée du temple tout en évoquant les deux montagnes de l'horizon entre lesquelles se lève le soleil.

utilisée pour la construction de la pyramide... et qui donnerait la clé de l'histoire du monde. Touchons terre à Gizeh. Khéops n'est pas un ovni, pas plus que sa forme pure n'est une génération spontanée. Elle est l'apogée d'un art funéraire égyptien né plus au sud. Un héritage cultuel.

Snéfrou, le père du roi Khéops, fit construire à Meidoum (Moyenne-Égypte) une pyramide à degrés, qui, parce qu'enveloppée d'un parement à pentes lisses, sera la première pyramide régulière à sommet pointu. Innovations remarquables : l'idée de combler les vides latéraux laissés par les blocs entassés en gradins et celle d'emprunter aux obélisques le pyramidon lié au culte du dieu solaire Rê, la pointe représentant la pente d'un rayon de soleil au zénith.

Le modèle était la première pyramide à degrés inventée à Saqqarah par Imhotep, l'architecte du roi Djoser. Il avait superposé quatre mastabas, édicules funéraires traditionnels, puis, avec l'ajout de deux autres degrés, l'ensemble formait six gradins de 70 mètres de haut.

L'émerveillement devant la forme parfaite de la pyramide fait parfois oublier qu'elle n'est pas un monument isolé. Elle est partie dominante mais intégrée d'un complexe architectural qui, selon un schéma préétabli, se compose de plusieurs bâtiments : un temple d'en bas, pour accueillir le cortège funèbre, relié par une chaussée à un temple d'en haut, dernière étape avant d'accéder à l'intérieur de la pyramide.

Le sol de Gizeh n'a pas encore révélé toutes ses reliques. Dans une fosse, au pied de la face nord, reposait une barque en bois. Quand on l'a mise au jour, elle était en 1 274 morceaux. En assemblant les pièces de ce puzzle, on l'a reconstituée ; elle est désormais exposée dans un petit musée. Or, la tradition veut que le pharaon ait disposé de deux embarcations solaires pour son voyage d'éternité, l'une à voile, l'autre à rames, pour descendre ou remonter le courant du Nil sacré. Grâce à l'endoscopie, on a pu visualiser la seconde barque enfouie au pied de Khéops.

La pyramidolâtrie nimbe Khéops d'une force symbolique dont elle n'a pourtant pas l'apanage. Première Merveille du monde ? Elle mérite cet honneur pour la réussite de son architecture extérieure, l'exact nivellement du sol rocheux sur lequel elle est fondée, le défi de la taille, du transport et du levage de ses blocs, l'équerre de ses pentes, ses proportions initiant les générations futures à l'harmonie du nombre d'or.

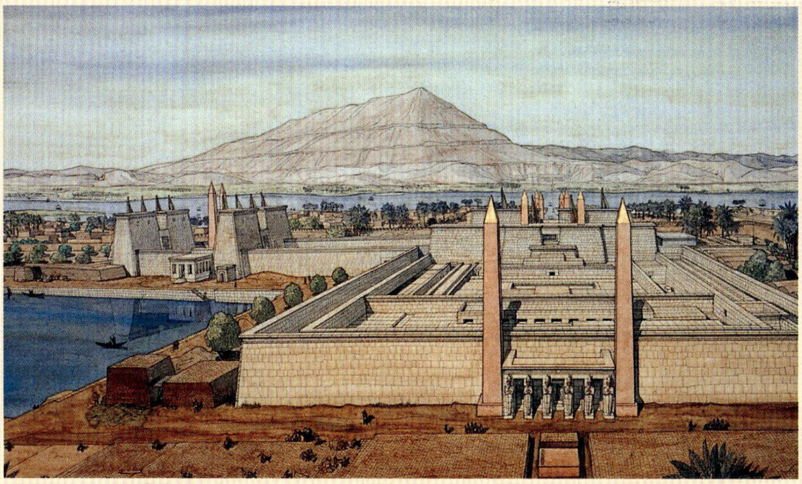

La vue générale de Thèbes
Capitale du Nouvel Empire, Thèbes s'étendait de part et d'autre du Nil. Sur la rive orientale, les temples de Karnak et Louqsor, tous deux dédiés à Amon-Rê, étaient reliés par une allée processionnelle que parcouraient des cortèges pour le Nouvel An du dieu. On célébrait aussi à Thèbes le culte de la déesse Mout, sa parèdre, et celui de son fils Khonsou. Sur la rive occidentale, demeure des morts, les nécropoles étaient creusées dans la montagne (Vallée des Rois et Vallée des Reines).

Les anomalies du chantier

Architecte égyptologue, directeur du Centre culturel d'Égypte à Paris, Salah el-Naggar partage l'admiration quasi unanime des connaisseurs pour Khéops et ne conteste pas son rang de Merveille. Cependant, il émet quelques réserves sur sa structure interne :
« Khéops n'est pas à prendre comme un modèle dans la lignée de la construction des pyramides. Elle est une parenthèse ou une exception en raison des anomalies du chantier. Une ambition démesurée a amené le bâtisseur à prendre tous les risques, bravant les lois physiques sur la nature des roches et les pressions exercées de haut en bas. Il y a eu une dérive dans le projet initial, des changements à vue sur le terrain, des ordres contradictoires. La chambre souterraine a été construite pour rien. La roche était-elle trop dure à creuser ? La deuxième chambre a été aussi abandonnée au profit d'une troisième, surdimensionnée (la portée de 10 coudées est le triple du caveau royal de Djoser). L'architecte, pour satisfaire l'exigence de son roi, a entrepris de couvrir la salle de blocs de granit. Des fissures ont dû se produire. L'erreur d'appréciation de la charge a été compensée par l'adjonction non prévue de chambres de décharge à la verticale de la voûte menaçant de s'effondrer. L'intérieur n'a pas fini d'intriguer, et, de l'extérieur, la "montagne de pharaon" ne cesse d'émerveiller les foules pour avoir fait entrer l'architecture monumentale dans l'âge d'or de la précision. »

Les Jardins suspendus de Babylone

Les terrasses des Jardins.

Trop beaux pour être vrais ? Les Jardins suspendus de Babylone ont été célébrés depuis la haute Antiquité comme la Merveille idéale, et leur mémoire a été perpétuée comme le modèle de référence de l'utopie. L'imagination leur a donné une dimension mythique en leur associant le nom de Sémiramis, la reine fondatrice de l'illustre cité mésopotamienne. Leur réalité historique ne désenchante pas la légende. Sans doute œuvres d'un roi conquérant et bâtisseur au nom de rêve, Nabuchodonosor, les Jardins disputent leur place aux dieux et aux hommes. Même s'ils n'ont pas été juchés au sommet de la tour de Babel, leurs terrasses ont fait du palais royal un paradis sur terre.

Babylone
Il y a 2600 ans, sous le règne du roi bâtisseur Nabuchodonosor II. Les Jardins suspendus sont ici accolés au mur d'une forteresse près du palais nord. Cette reconstitution les replace dans le complexe des palais comme une pièce maîtresse de l'ensemble urbain.

La ziggourat de Babylone
Cette tour à degrés, assimilée parfois à la tour de Babel, était consacrée au Dieu tutélaire Marduk, dont la statue était portée en procession lors de la fête du Nouvel An. Entouré d'une enceinte, l'ensemble, appelé l'*atemenanki*, ou la « maison entre le ciel et la terre », était constitué de tours superposées auxquelles on accédait par des rampes latérales.

La triple enceinte intérieure
Elle a souvent été citée comme une Merveille. Il est vrai que l'épaisseur de ses murs de brique et la masse de ses portes pouvaient impressionner les conquérants rivaux de Nabuchodonosor.

La porte d'Ishtar
Revêtue de briques émaillées bleues, ornée d'animaux en relief jaunes ou blancs – taureaux et dragons cornus –, la porte d'Ishtar était l'entrée triomphale de la ville. Elle permettait d'accéder à la voie processionnelle, principale artère.

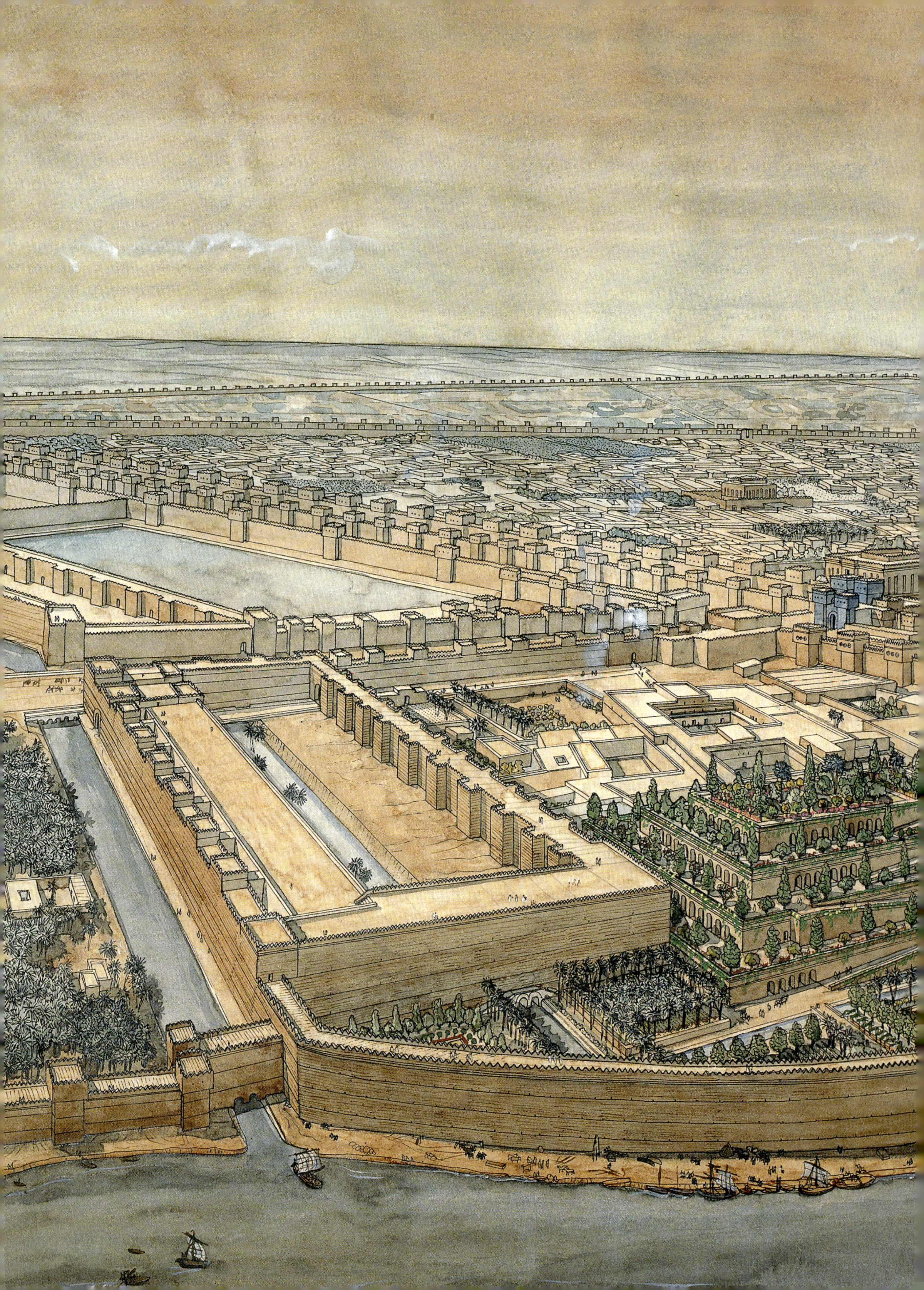

La ziggourat d'Ur...
Tour emblématique de la civilisation sumérienne, elle fut aussi l'ancêtre de la ziggourat de Babylone, laquelle en était une réplique géante. Dans un pays sans relief, elle élevait une montagne divine. Ici, on voit une procession qui s'engage sur la rampe principale pour accéder au temple juché au sommet.

... tour à degrés des Sumériens
La ziggourat d'Ur mesurait 61 mètres sur 46 pour une hauteur de 21 mètres. Son centre était en briques crues, son enveloppe en briques cuites enrobées d'une couche de bitume de 2,50 m d'épaisseur. Les lignes de l'ensemble étaient légèrement courbes, ce qui contribuait à donner de l'« élan » à l'édifice. Les étages servaient de piédestal à un sanctuaire couvert de tuiles vernissées.

Les Jardins suspendus, ou le suspense du paradis

Les Jardins suspendus de Babylone ont failli être victimes de leur célébrité et quitter le domaine de l'Histoire pour ne devenir qu'un mirage. Si, aujourd'hui, il est difficile de contester leur existence, l'identité de leur bâtisseur et leur emplacement au bord de l'Euphrate ont longtemps été des énigmes. Le suspense demeure…

En 323 avant J.-C., année de la mort d'Alexandre le Grand à Babylone, le voyageur venu du désert et qui approchait des rives de l'Euphrate, là où sa courbe est la plus proche du Tigre, découvrait comme un mirage une forêt en terrasses dominant les remparts de la ville : les Jardins suspendus de la cité fondée par la reine Sémiramis.

La légende lui a longtemps attribué cet ouvrage exceptionnel. Et comme la vie de cette souveraine est en partie mythique, les Jardins ne seraient-ils pas un rêve ? Dans l'imaginaire des visions paradisiaques, ils ont atteint des proportions fabuleuses. Trop beaux pour être vrais ?

Si leur seul nom est évocateur de paradis, ils n'en ont pas moins été créés par des hommes qui ont inventé une architecture végétale destinée à faire entrer dans le domaine de l'idéal une civilisation certes à son apogée mais à la puissance convoitée et vulnérable.

L'existence des Jardins a été mise en doute, mais, aujourd'hui, en dépit de controverses sur leur conception, il est difficile, si l'on confronte les résultats des fouilles et les documents historiques, de contester leur réalité. Ils ont été décrits maintes fois

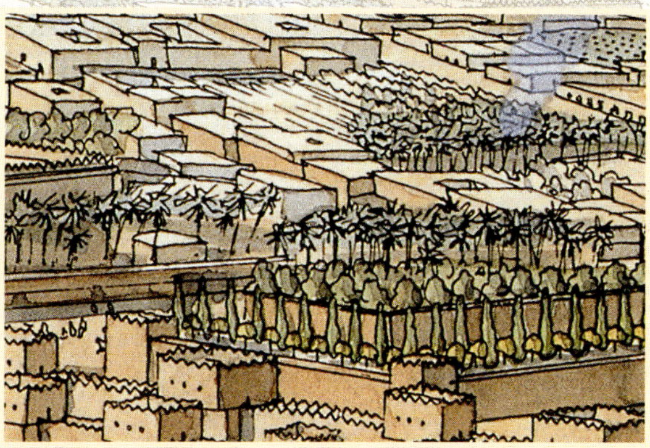

Jardins ou entrepôts ?
Non loin de la porte d'Ishtar, dans une aile du palais sud, on a dégagé, au cours de fouilles, des vestiges de voûtes à piliers massifs. On a cru localiser dans cet espace les terrasses de la Merveille. En fait, il s'agit plus sûrement du site d'anciens entrepôts pour les réserves royales.

Un parc fortifié
Dit aussi « palais d'été », le palais nord était hors de l'enceinte. Dans le palais sud se trouvait la salle du trône, mais les appartements de Nabuchodonosor étaient installés dans la forteresse occidentale située entre le palais ouest et l'Euphrate. C'est sur les murs de ce bastion que les Jardins suspendus auraient pris appui…

et les témoignages écrits concordent et et tendent à prouver leur matérialité. Pour avoir été tant célébrés dans le monde mésopotamien, réputé pour l'horticulture et l'art paysager, il n'est pas possible qu'on les ait immortalisés, ceux-là et non ceux de Ninive, Suse et Persépolis, s'ils n'avaient pas eu des dimensions hors du commun et présenté une architecture végétale sans précédent.

Les Jardins suspendus de Babylone sont indissociables de la cité de Nabuchodonosor II à son apogée au VIe siècle avant J.-C. Les murailles de Babylone ont d'ailleurs figuré sur une liste des Merveilles. En fait, le prestige de la ville tout entière rejaillit sur les parcs royaux en terrasses et réciproquement. Les Jardins furent l'ornement, le couronnement de la Ville Merveille.

Les Babyloniens ont gravé leurs projets architecturaux en écriture cunéiforme. On a retrouvé cinq tablettes. Un plan de la ville figure sur l'une d'elles. Or, fait troublant, les Jardins n'apparaissent pas. Il n'empêche qu'un hymne au fils du dieu Marduk, Nabu, les célèbre en ces termes : « Les jardins rehaussent l'éclat de la cité. »

Des machines hydrauliques

Cependant, cinq autres témoignages écrits concourent à restituer l'image d'une architecture précise et originale des Jardins et d'un système d'irrigation de grande envergure.

Le plus ancien texte, rédigé en 350 avant J.-C., est de Bérose, un prêtre babylonien : « Dans cette résidence royale, le roi fit ériger de hautes terrasses de pierre, leur donna tout à fait l'aspect de collines, puis, en y plantant des arbres de toute espèce, il exécuta et disposa ce qu'on appelle le parc suspendu, parce que sa femme, élevée dans le pays mède, avait le goût des sites montagneux. » Pour Bérose, les Jardins sont l'œuvre de Nabuchodonosor II.

Diodore de Sicile, qui attribue les Jardins à un Achéménide successeur de Cyrus le Grand, écrit au Ier siècle avant notre ère : « Il y avait dans la citadelle le jardin suspendu, ouvrage non pas de Sémiramis, mais d'un roi syrien postérieur. » Son témoignage est très descriptif : « Ce jardin carré [...] on y montait par des degrés sur des terrasses posées les unes sur les autres... Ces plates-formes étaient soutenues par des colonnes qui supportaient le poids des plantations. Les blocs de pierre qui les composaient étaient recouverts d'une couche de roseaux mêlés à du bitume, sur laquelle reposait une double rangée de briques cuites cimentées avec du plâtre, celles-ci étaient recouvertes de lames de plomb afin d'empêcher l'eau de filtrer et de pénétrer dans les fondations. » Sur cette couverture étanche était répandue la couche de terre. L'historien mentionne aussi des colonnes creuses contenant des machines hydrauliques : il s'agissait de puits dans lesquels l'eau était amenée par un élévateur à godets.

Selon Strabon (58 avant J.-C. – entre 21 et 25), géographe grec, l'eau de l'Euphrate est amenée dans les

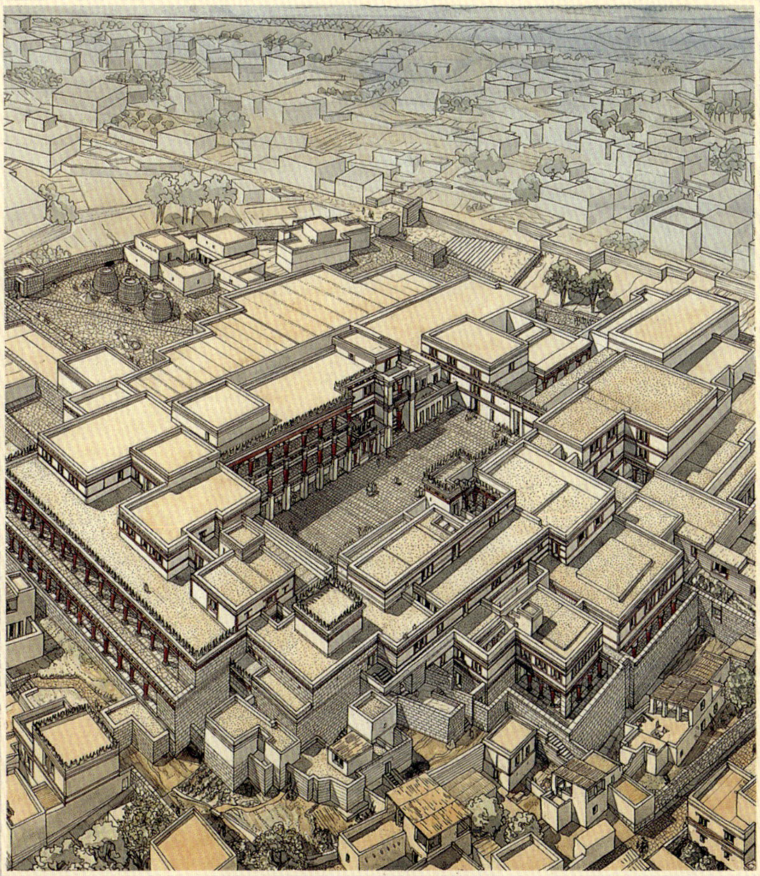

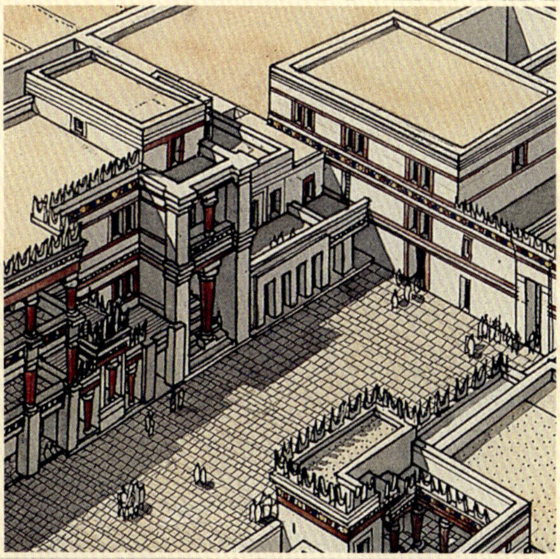

En Crète, Cnossos
Marquant de son éclat la civilisation minoenne, le palais royal, bâti sur une colline à l'est d'Héraklion, possédait 1 300 chambres réparties sur cinq étages et reliées par des couloirs. Les façades à redans, les niveaux superposés de hauteur inégale, les cours, les puits de lumière, les mégarons... autant de secrets d'une architecture originale qui comptait sûrement de magnifiques jardins.

Jardins par des vis hydrauliques disposées le long des degrés d'un immense escalier. Il précise que les Jardins bordent l'Euphrate, coupant ainsi la ville par le milieu.

Dans une *Histoire d'Alexandre*, Quintus Curtius Rufus évoque, au Ier siècle avant J.-C., la Merveille célébrée communément par les poètes grecs à la même hauteur que les murs de Babylone : « Les troncs des arbres s'élancent à une hauteur de cinquante pieds et ont une circonférence de douze pieds. Les jardins sont entourés de murs larges de vingt pieds de sorte qu'à une certaine distance on pourrait les prendre pour une forêt sur une montagne. »

Philon de Byzance, qui célèbre les Sept Merveilles, dit que les colonnes des Jardins de Babylone portent des traverses en bois de palmier, lequel a l'avantage d'être imputrescible. Il vante en outre le système d'adduction d'eau : « Un méandre de conduits en coudes et spirales qui la font monter et rejaillir sur la terrasse en jets puissants et fréquents. »

La tour de Babel

Une chose est certaine : une vision extraordinaire s'imposait au visiteur de Babylone. La ziggourat et la triple enceinte auraient pu être l'objet de son émerveillement. La ziggourat dominait la ville, dans l'enceinte consacrée au dieu Marduk (Bel).

D'après Hérodote, elle était faite de huit tours superposées, avec une rampe à spirales. À son sommet se trouvait un petit temple. Hérodote ne signale pas de jardins. Auraient-ils été plantés sur l'édifice que l'on a assimilé à la tour de Babel de la Genèse ?

La réponse est donnée par les fouilles du palais royal. Mais à quel bâtiment les Jardins ont-ils pu être accolés ? Palais sud, palais nord ?

En 1920, l'archéologue allemand Robert Koldewey a mis au jour dans une aile du palais sud les vestiges du « bâtiment voûté », une voûte à quatorze berceaux qui aurait supporté les terrasses. L'utilisation de la pierre, très rare à l'époque en Mésopotamie, l'épaisseur des murs pouvant porter une telle masse, la présence d'un puits d'adduction sont autant d'arguments avancés par le savant pour localiser ici le site des Jardins disparus. Mais sa thèse a été réfutée par Donald J. Wiseman. Pour ce dernier, le palais sud aurait abrité des entrepôts. En outre, le site retenu par Koldewey est trop éloigné du fleuve, et, si les Jardins y avaient été implantés, ils n'auraient pu être accessibles qu'en traversant les appartements royaux privés. Aussi Wiseman propose-t-il de les situer au nord de la forteresse occidentale dans un espace formant un amphithéâtre visible du palais nord. Cette orientation paraît la plus plausible en l'état actuel des recherches.

Un immense mur de fortification supportant des terrasses, c'est ainsi que Nabuchodonosor II (605 - 562 avant J.-C.) aurait conçu l'architecture des Jardins suspendus. À son époque, l'Euphrate traversait Babylone. Le lit du fleuve a beaucoup varié au cours

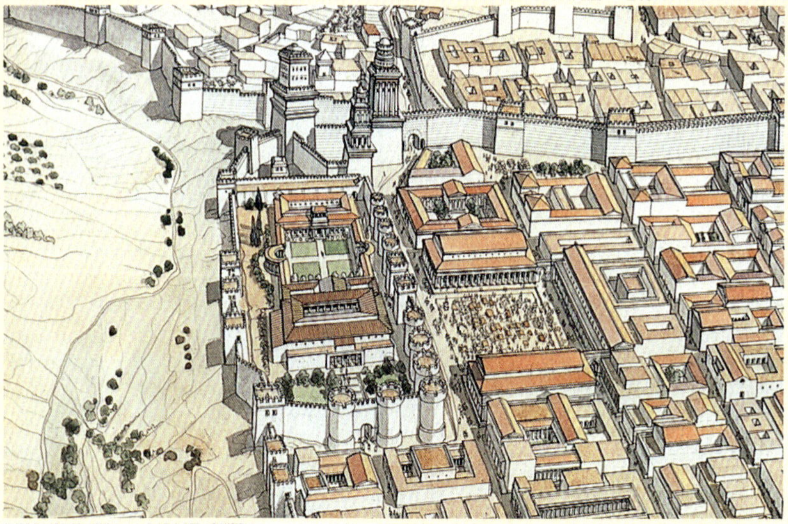

Le palais d'Hérode.

Jérusalem, la mythique

La tradition hébraïque n'a pas peu contribué à donner une dimension mythique aux cités royales de Mésopotamie, notamment en ajoutant à leurs noms fabuleux celui de la Jérusalem céleste. Mais la gloire de la Jérusalem historique avec le temple de Salomon, le palais d'Hérode, la forteresse est aussi une revanche pour le peuple juif. En effet, la ville de Salomon fut détruite au VIe siècle avant J.-C. par Nabuchodonosor II, et les Hébreux emmenés en captivité à Babylone participèrent largement aux grands travaux de la cité des Jardins suspendus.

des siècles. Inondations, sédimentation, la nature a décidé, mais l'action des hommes est également à prendre en compte. Ainsi, les travaux de fortification entrepris par Nabuchodonosor II auraient en partie obstrué le lit du fleuve.

Cyrus II le Grand (vers 556-530 avant J.-C.), voulant ruiner l'économie de Babylone, aurait même détourné le cours de l'Euphrate pour l'éloigner de la cité. Or, irrigués par l'eau pompée dans les nappes d'infiltration, les Jardins ne pouvaient survivre que grâce à la proximité du fleuve. Les variations de son cours amènent l'historien à s'interroger : les auteurs anciens parlent-ils des mêmes jardins ? Petits jardins, grands jardins ? Il pourrait y avoir plusieurs versions. Toujours est-il qu'à un moment donné un tel ensemble végétal en milieu urbain ne pouvait se trouver que là où existaient des réserves d'eau suffisamment abondantes pour créer un réseau de canalisations très dense.

Les Jardins de Babylone, « palais-jardins » à l'intérieur d'une cité, émergeant de palmiers et de peupliers, sont à distinguer des paradis persans cruciformes, *chahar bagh*, qui se situaient hors des villes. Quant aux Assyriens, ils avaient développé un autre style de parcs, les « pavillons vergers ».

Neuf portes en briques bleues

L'empire de Nabuchodonosor II est appelé néobabylonien. Héritant du premier empire fondé par Hammourabi (1793-1750 avant J.-C.), le souverain détruisit le temple de Jérusalem, déporta le peuple hébreu, qu'il garda en captivité.

Nabuchodonosor, conquérant, fut aussi un bâtisseur de murailles. Celles-ci étaient ponctuées de portes en briques émaillées de bleu – Hérodote en mentionne neuf – dotées de sculptures en relief représentant lions, taureaux et dragons.

L'épaisseur cyclopéenne des enceintes et le style ornemental des portes étaient le sceau architectural, symbole du défi de ce roi rival du Grand Perse. La porte d'Ishtar, qui ouvrait sur la voie processionnelle, est restée aussi l'emblème de la splendeur de l'âge d'or néobabylonien. Alexandre le Grand trouva à Babylone une dernière demeure à la mesure de son épopée foudroyante. Il en avait saisi à la fois la force mythique et la valeur stratégique.

Force mythique : du temps de Nabuchodonosor Ier (1127-1105 avant J.-C.), Babylone était le siège du roi des dieux, Marduk, le centre religieux du monde, la ville sainte.

Valeur stratégique : à 650 kilomètres au nord-ouest du golfe Persique et à 960 kilomètres à l'est de la Méditerranée, Babylone était l'étape obligée des caravanes. La cité, qui « enivrait la terre entière », au grand dam du prophète Jérémie, était, avec les portes monumentales de sa triple enceinte de plus de 8 kilomètres de long, le grand carrefour des échanges de l'Asie, de l'Afrique et de l'Europe.

Le temple de Salomon.

Le règne de Bagdad

Que reste-t-il de la grande Babylone ? Le niveau des fouilles archéologiques actuelles atteint celui des nappes d'eau. Toutefois, les fouilles ont mis au jour des fondations et un premier état en brique nue de la porte d'Ishtar (l'entrée triomphale de la ville). On a également dégagé le dallage de la voie processionnelle, l'artère principale de Babylone. La chaussée fut renforcée par le roi et il lui fallut rehausser la porte et reconstruire le palais. De la ziggourat ne sont plus visibles que le socle de brique crue et le tracé de la rampe d'accès.

Vers 275 avant J.-C., Babylone perdit son statut de capitale de l'empire au profit de Séleusis, la ville fondée sur le Tigre par Antiochos Ier. Babylone cessa alors d'être le centre du monde tout en continuant à rayonner comme une cité de savants. Elle fut dépeuplée au début du IIe siècle de notre ère, et les conquérants arabes ne la relevèrent pas de ses ruines.

Laissant en désuétude l'antique Babylone et soucieux du seul éclat de Bagdad, les Abbassides ont repris à leur compte la tradition des jardins mésopotamiens. L'Islam aime généralement créer des villes nouvelles en oubliant parfois, voire en démantelant, les anciennes. Il ne reste près du site archéologique qu'une bourgade de fondation arabe, Hilla, devenue centre d'excursions. Aujourd'hui, l'Irak défend la valeur patrimoniale des vestiges de la cité de Nabuchodonosor II.

Le gouvernement a adopté une politique de reconstruction, allant jusqu'à bâtir un palais de style « néo-babylonien » dans l'ancien lit de l'Euphrate, mais les ruines du palais d'été ont été laissées en l'état.

En dépit de ces reconstitutions théâtrales et même si l'on peut fouler aujourd'hui la voie processionnelle entre des pans de murs restaurés, Babylone reste enfouie dans notre imaginaire, et les urbanistes modernes se contentent de la citer comme un modèle d'utopie. Aucun essai de reconstitution topographique et architecturale ne peut être validé s'il ne propose pas une solution cohérente pour restituer les Jardins suspendus *intra muros* comme un complexe palais-parc, clé de voûte de l'ensemble urbain.

Ninive avait ses jardins et Babylone sa Merveille

Au British Museum est exposé un bas-relief qui ornait, à Ninive, un mur du palais d'Assurbanipal. Il représente un jardin royal aménagé sur les pentes d'une colline. « Les Assyriens connaissaient donc l'art d'installer des plantations en déclivité, à plusieurs niveaux », rappelle Annie Caubet, assyriologue, responsable du département des Antiquités orientales au musée du Louvre. Toutes les villes de Mésopotamie possédaient des jardins. Les Perses avaient un nom pour les désigner : *paradaize* qui a donné « paradis ».

Une archéologue britannique a même émis l'hypothèse que la Merveille des Jardins suspendus se serait trouvée à Ninive et non pas à Babylone. Béatrice André-Salvini, conservateur en chef au musée du Louvre, n'y souscrit pas. « Il est impensable, estime cette spécialiste de Babylone et de l'écriture cunéiforme, que la cité de Nabuchodonosor n'ait pas eu des jardins dignes de son faste. L'architecture en terrasses, la pratique des couches d'étanchéité sur les gradins, les techniques d'adduction d'eau par canalisations et pompage étaient des traditions millénaires dans toute la Mésopotamie. Nabuchodonosor II a dû en être l'émule. Babylone, cela est établi, était riche en palmeraies, potagers, jardins de plantes médicinales, et ses temples avaient leurs ombrages. Comment concevoir que ses palais n'aient pas eu leur parc royal rivalisant avec ceux des souverains assyriens et perses ? Nabuchodonosor était très préoccupé de contrôler les eaux de l'Euphrate. La forteresse nord-ouest qu'il a fait bâtir s'avançait à 100 mètres dans le lit du fleuve. Il y eut certes un effet négatif qui put entraîner des inondations. Toujours est-il que les terrasses des Jardins ont pu prendre appui sur le toit du bastion et être irriguées à cet emplacement plus aisément qu'ailleurs. »

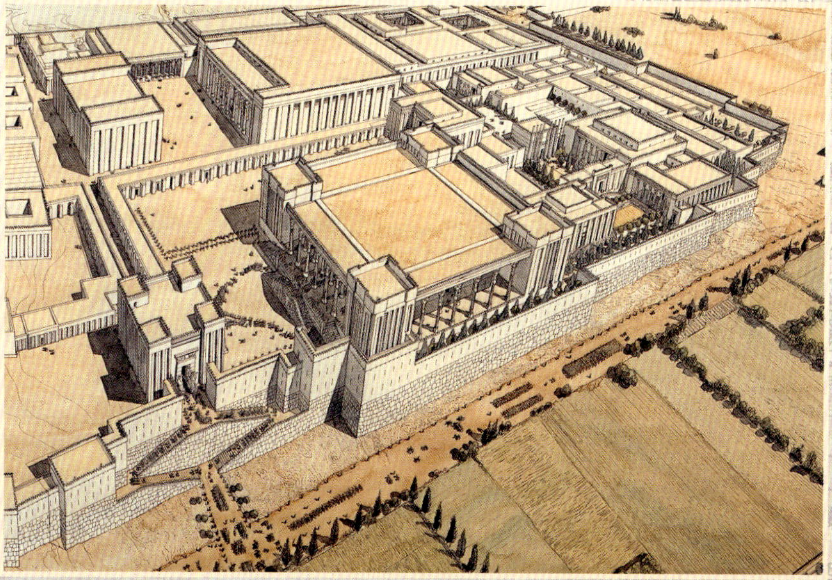

Persépolis
La ville de la splendeur des Achéménides, où régnèrent Darius Ier, Xerxès, Artaxerxès, ceux qui portèrent le titre de roi des rois en affrontant les armées des plus grandes cités, aurait pu prétendre compter parmi les Merveilles du monde antique. Sa muraille, sa terrasse palatine, ses frises sculptées, ses salles hypostyles et ses colonnes cannelées auraient supporté la comparaison avec les trésors égyptiens, mésopotamiens et grecs. Mais Alexandre le Grand en la détruisant la raya de la liste.

Le Temple d'Artémis à Éphèse

La dame d'Éphèse.

Éphèse qui, à l'époque romaine, comptait 200 000 habitants, méritait depuis des siècles d'être reconnue comme la plus belle ville d'Asie Mineure. Elle dut sa croissance et son éclat à la présence en ses murs d'un temple consacré à Artémis, déesse vierge et fertile. Par ses dimensions et son décor fastueux, l'Artémision a éclipsé d'autres grands sanctuaires. Incendié par un dément, le chef-d'œuvre a été reconstruit avant d'être classé dans la liste des Merveilles. Ce « clone » architectural a été admiré pendant sept siècles.

Le Temple d'Artémis
Un chef-d'œuvre de style ionique. Sur le fronton, une niche centrale, ou « fenêtre d'apparition », de la déesse. Au premier plan, l'autel de sacrifice.

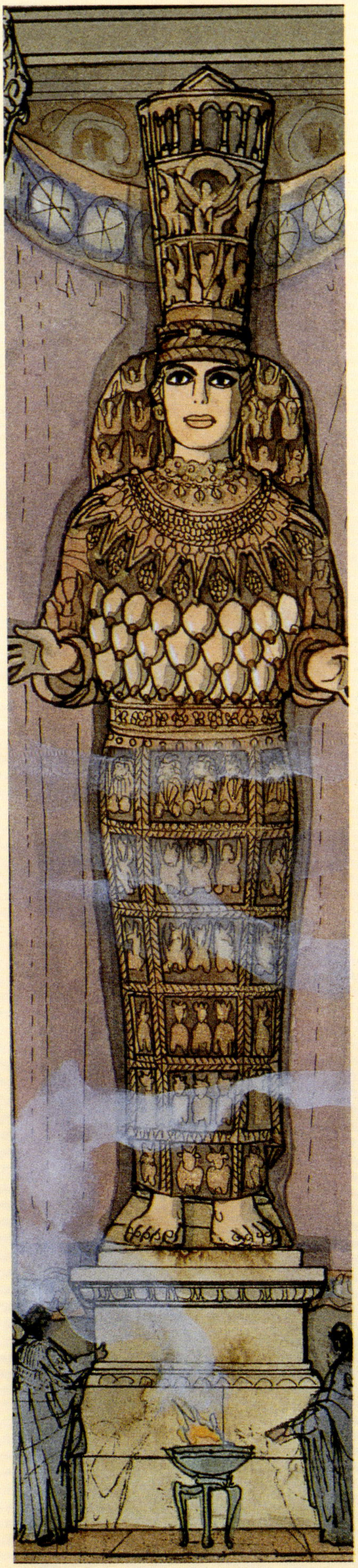

L'art de la volute
Un modèle de chapiteau du style ionique à son zénith. La moulure s'achève en volute raffinée à chaque extrémité.

Une déesse mère
L'Artémis d'Éphèse se présente comme une déesse nourricière d'inspiration orientale. Avec sa couronne à triple créneau et sa poitrine ceinturée et ponctuée de mamelons, elle apparaît fort éloignée de la Diane chasseresse du monde gréco-romain.

Des bas-reliefs sur les colonnes
Les tambours sculptés sont représentés ici à la base des colonnes à fines cannelures. Selon une autre version architecturale, ils auraient été placés en haut des fûts, sous les chapiteaux.

À l'intérieur du temple
La cella, où se dressait la statue d'Artémis, n'était pas couverte, mais la divinité protectrice était abritée dans un *naïskos* en forme de baldaquin. Les colonnes (huit en façade, vingt et une sur les côtés) atteignaient 19 mètres.

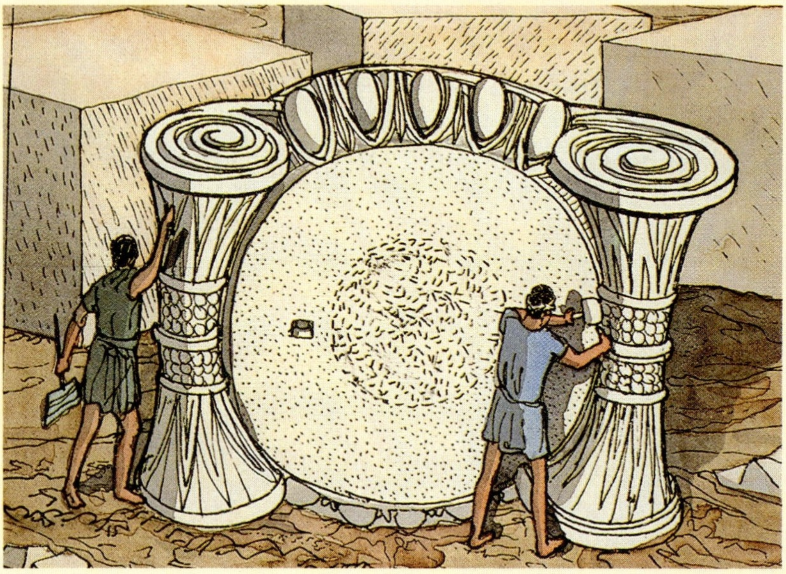

Un temple, deux chantiers
Éphèse connut deux immenses chantiers à deux siècles d'intervalle : le premier pour la construction de l'Artémision, le second pour la reconstruction de celui-ci après qu'un incendie criminel l'eut ravagé. Il fut reproduit à l'identique mais sur un socle rehaussé. Ci-contre, des artisans travaillent à la finition d'un chapiteau ionique avant sa mise en place.

La construction d'un mur
Des ouvriers soulèvent des blocs et les installent à l'aide de « pinces », ou leviers. Les énormes bases cylindriques, ou tambours, équipées à leurs extrémités de goujons métalliques, étaient roulées sur le sol et tractées par un attelage de bœufs.

Le sanctuaire miraculé de la déesse mère

Une déesse vierge et féconde, fascinante et vénérée dans une forêt de colonnes ciselées, tel est le trésor qui valut à l'Artémision d'Éphèse d'éblouir Alexandre le Grand. Le conquérant ne connut cependant que la seconde version architecturale du Temple.

Vainqueur des Perses, Alexandre le Grand a vingt-deux ans lorsqu'il arrive pour la première fois à Éphèse. Entrant en conquérant dans la cité, il est peu décidé à s'incliner devant une idole, mais il est impatient de découvrir le sanctuaire. De loin, il voit se dresser le Temple dédié à Artémis, la déesse tutélaire de la ville. Malgré sa fougue dominatrice, un sentiment de respect l'anime alors. Il n'ignore pas la renommée de l'édifice mais sa majesté, 115 mètres de longueur sur 55 mètres de largeur, ainsi que l'élégance de son style dépassent son attente. Il n'a jamais rien vu de semblable. Le Temple repose sur une plate-forme à degrés. La colonnade en marbre à double rangée s'élance vers le ciel. Les fûts cannelés ont quelque 19 mètres de haut.

Un incendie criminel

En pénétrant dans l'esplanade réservée, le péribole, Alexandre admire les volutes allongées des chapiteaux ioniques et des rosaces à huit pétales. Des peintres sont à l'œuvre. La base de certaines colonnes est ornée de reliefs sculptés, sur les tambours de quelques autres le cisèlement est en cours. Des statues sont hissées. En cette année 334 avant J.-C., le Temple est inachevé. Il s'agit de travaux de reconstruction, car l'Artémision sacré a été incendié en 356 avant J.-C. par Érostrate. Obsédé, en mal de publicité, celui-ci avait voulu par cet acte criminel laisser son nom à la postérité. Il fut alors interdit sous peine de mort de prononcer le patronyme du dément.

À Didymes
Pour les dimensions, le vaste temple d'Apollon à Didymes (Ionie) n'était surpassé, dans le monde hellénistique, que par les temples d'Éphèse et de l'île de Samos. Bâti en 313 avant J.-C., à l'emplacement d'un sanctuaire archaïque, il mesurait 109,34 m sur 51,13 m. Comme l'Artémision, il se dressait sur une plate-forme à degrés. Il comptait 120 colonnes. À l'intérieur se trouvaient la salle de l'oracle et deux labyrinthes, corridors à rampes. La statue cultuelle représentait Apollon saisissant un aigle.

Alexandre arrive donc sur un chantier, mais il n'est pas déçu et il peut reprendre l'exclamation d'Antipater, le chef macédonien qui en son absence gère son royaume : « L'œil d'Hélios vit-il jamais chose semblable hors du sublime Olympe ? »

Un édile éphésien révèle au roi de Macédoine que le feu sacrilège a été, coïncidence, allumé le jour de sa naissance. Il le flatte en lui glissant à l'oreille : « La déesse étant au berceau du divin enfant n'avait pu sauver son temple. » Il assure à Alexandre que le Temple a été rebâti à l'identique, quoiqu'un peu exhaussé.

Le conquérant pénètre à l'intérieur de la forêt de colonnes – la cella est à ciel ouvert. Il s'incline devant la statue de son père, Philippe II de Macédoine, un généreux donateur. N'était-ce pas le but secret de sa venue ? Alexandre contemple ensuite la déesse : elle porte une couronne en forme de muret à triple créneau et des colliers d'ambre ; ses mains sont ouvertes dans un geste d'accueil ; sur son corps replet saillent des rangées de curieuses mamelles.

En sortant du Temple en rénovation, Alexandre demande qu'on apprête un sacrifice à Artémis. Devant le sanctuaire, le mégabyzos, le grand prêtre eunuque, officie à l'autel extérieur. Il lève les yeux vers une niche ménagée dans le fronton du Temple, une « fenêtre d'apparition » où peut se manifester la déesse épiphane. Une procession est ensuite menée jusqu'à l'embouchure de la rivière Caystre et le sang de taureaux oblats coule au bord de la mer. Les Éphésiens célèbrent là, sous le regard bienveillant d'Alexandre, un culte très ancien.

Alexandre propose de verser une forte somme pour financer la fin des travaux, à la condition qu'en remerciement, lui, le donateur ait sa statue et sa stèle dans l'enceinte sacrée. Les prêtres déclinent l'offre dans un langage diplomatique : « Un dieu ne peut faire un don à un autre dieu. » Le conquérant à l'allure de météore n'allait pas inaugurer, de toute façon, l'achèvement du chantier. Les travaux de finition devaient encore s'étendre sur des années…

Des attributs virils

Comme bien des cités du monde hellénique, Éphèse, ville de Ionie, passait pour une création divine. Smyrna, une Amazone, en aurait été la fondatrice. Cette guerrière, fille de la nymphe Harmonie et du dieu de la guerre Arès, a aussi donné son nom à Smyrne, l'actuelle Izmir, en Turquie. Les Amazones étaient amputées du sein droit afin de manier l'arc aisément. À l'inverse, Artémis, qui deviendra la divinité protectrice de la ville d'Éphèse, est représentée avec une multiplicité de seins.

Toutefois, Homère a retenu dans son *Iliade* la version éponyme de la création de la ville : le héros Éphésos, fils d'Achille et de Penthésilée, une autre Amazone, en aurait été le fondateur.

Quelle que soit la version, une certitude : depuis ses origines, Éphèse a vénéré une grande déesse mère, symbolisant la fécondité, à la manière de Cybèle, présidant aux saisons et au renouveau.

La colonisation grecque substituera Artémis à la divinité orientale du site. Artémis, née de l'union de Zeus et de Léto, est la sœur jumelle d'Apollon. Aussi de deux choses l'une : c'est soit la déesse grecque qui ajouta à ses attributs – la protection de la nature sauvage – ceux de Cybèle – la fertilité –, soit la divinité originelle et locale qui phagocyta la classique Artémis. Toujours est-il que la représentation d'Artémis en Asie Mineure a peu de traits communs avec la déesse bondissante armée d'un arc et entourée d'animaux.

Avec ses rangées de protubérances, l'Artémis éphésienne reste proche de la terre nourricière. Elle constitue dans les annales du syncrétisme religieux un amalgame des plus originaux. Bien qu'Artémis

À Delphes
Bâti au IVe siècle avant J.-C., le temple oraculaire d'Apollon était posé sur une terrasse polygonale dominant le portique des Athéniens. Au IVe siècle, le sanctuaire reconstruit fut encadré de deux portiques surélevés.

garde de son homonyme grecque l'état de virginité, elle incarne la fécondité de Cybèle. Sa statue est donc dotée de symboles sexuels. Des mamelles, à première vue. Rien n'est moins sûr. Des attributs virils, peut-être bien, car, après le sacrifice rituel de taureaux qui se déroulait chaque année à Éphèse, les testicules prélevés étaient, dit-on, accrochés à l'effigie de la déesse. D'autres interprétations ont également circulé, toutes empruntées à la corne d'abondance : des seins ? non, mais des dattes, des glands, des aubergines, des œufs d'autruche…

À l'époque romaine, entrant dans le panthéon latin, Artémis prit l'appellation de Diane, et la chasseresse conserva, mamelles ou testicules, ses multiples rondeurs. Quand saint Paul, venant de Corinthe, stigmatisa devant les Éphésiens le culte des idoles, des voix protestèrent dans la foule : « Grande est la Diane des Éphésiens ! ». Saint Jean aurait vu la déesse portée en procession, le visage voilé et les lèvres fardées de poussière d'or.

Les Éphésiens n'oubliaient pas la faune, celle qui accompagne la Diane romaine. En effet, dans une partie de la cour sacrée du Temple bordée d'arbres, des animaux évoluaient en liberté.

Sur une colline proche du site du Temple, on montre aujourd'hui la « maison de Marie », où la mère de Dieu aurait passé ses derniers jours. Dans les temps paléochrétiens, le culte marial l'emporta et se substitua à celui de la déesse, et on parla encore longtemps, sans plus nommer Diane, de « la Dame d'Éphèse », vierge et néanmoins fécondée.

À Palmyre
Dominant le site, dans une enceinte de 200 mètres de côté, le temple consacré au dieu Bêl apparaissait comme une citadelle à l'est de la ville de la reine Zénobie. Construit vers l'an 19 de notre ère, le sanctuaire semble reproduire le schéma d'un temple classique, mais son entrée latérale à plan incliné rompt avec la règle gréco-romaine.

Un culte très ancien

Au Ier siècle de l'ère chrétienne, Néron confisqua l'or accumulé dans le sanctuaire. Cependant, le monument restauré au IVe siècle avant J.-C. fut préservé. Ce furent les Goths, au IIIe siècle après J.-C., les premiers pillards du Temple. Après leur razzia, celui-ci fut condamné à servir de carrière de pierres et finit complètement démantelé.

Les vestiges gisaient sous des mètres de fange, et il fallut attendre le XIXe siècle pour que l'emplacement du sanctuaire soit déterminé. John Turtle Wood, un archéologue anglais qui dirigea les fouilles de 1863 à 1874, se référa à une inscription bilingue en grec et en latin décrivant les limites de l'aire sacrée, pour amener au bon endroit les pelles et les pioches. La couche alluviale de plusieurs mètres d'épaisseur ayant été enlevée, on put dégager dans l'excavation les restes du soubassement de l'Artémision.

À partir de 1894, des équipes de l'Institut d'archéologie autrichien prirent le relais et poursuivirent les recherches. Les résultats des fouilles confirmèrent l'ancienneté du culte de la déesse mère.

Cinq temples se sont succédé sur le site sacré : trois petits temples archaïques et le grand Artémision en deux versions (avant et après l'incendie criminel d'Érostrate).

Le premier sanctuaire, qui date du VIIIe siècle avant J.-C. révéla dans une fosse ménagée sous le socle de la statue de la divinité Cybèle, des perles et des objets en or. Le troisième édifice, mesurant près de 31 mètres sur 16 mètres, était en revanche dédié à Artémis. Les premières statues étaient sans doute en bois peint, et à l'époque de l'Artémision, la sculpture installée dans le sanctuaire fut couverte de feuille d'or.

Le miracle de la déesse

Au milieu du VIe siècle avant notre ère, Éphèse entreprit, avec le concours du roi Crésus, de construire le Temple, qui serait un jour Merveille du monde (dans sa seconde version). D'après Pline l'Ancien, naturaliste romain (23-79), la tâche gigantesque fut confiée vers 560 avant J.-C. à deux architectes crétois, Chersiphron et son fils Métagenès. Ils étaient assistés de Théodoros, connu comme l'architecte du temple d'Héra dans l'île de Samos, lequel était un « prototype » à plan diptère, c'est-à-dire à double rangée de colonnes : on l'appelait le labyrinthe de Samos. Cette structure innovante fut reprise à Éphèse dans des proportions colossales. Pour les colonnes, on adopta l'ordre ionique inspiré par le style oriental.

Le Temple étant posé sur un terrain instable, Théodoros de Samos eut l'idée d'ajouter du charbon de bois et des peaux de mouton sous les fondations. Selon la légende, un miracle eut lieu : alors que les architectes désespéraient de pouvoir lever le linteau de l'entrée de l'Artémision. Artémis aurait une nuit mis en place l'énorme bloc de marbre. En revanche, le transport des tambours de colonne fut l'œuvre de la seule ingéniosité humaine. Comme le rapporte Vitruve, les architectes fixèrent des goujons métalliques aux extrémités des blocs. Des bœufs attelés tractèrent les tambours en les faisant rouler sur le sol. Le chantier dura plus d'un siècle.

À Baalbek
Datant du IIIe siècle de notre ère et s'étendant sur 260 mètres, l'ensemble des temples de ce site (Liban) est une démonstration éclatante de l'art sacré architectural à l'époque de la Rome impériale. Le culte était dédié à une triade divine : Jupiter, Bacchus et Vénus. Au premier plan, un vestibule hexagonal, unique en son genre et la cour à deux tours-autels. Au fond et ci-dessus, le temple de Jupiter sur un podium cyclopéen de 13,50 m de haut. À gauche, le temple de Bacchus où se célébrait un culte solaire.

Aujourd'hui, dans le site archéologique, une colonne solitaire – appartenant à la seconde rangée de la partie avant du temple – se dresse sur le soubassement dégagé. Elle a été remontée, mais le puzzle est incomplet : elle avait à l'origine quelque 19 mètres de haut, il lui manque 4 mètres au moins. L'anastylose ne se pose pas comme une restauration esthétique dans l'espace de la ville en expansion, à l'ouest du Temple d'Artémis, mais elle a une valeur de témoin.

Une statue de la déesse exposée au Musée national de Naples donne une image précise de sa représentation à l'intérieur de l'Artémision. Elle a servi de modèle à Raphaël pour ses fresques au Vatican et a inspiré d'autres peintres. En 1952, Salvador Dalì a composé un tableau où l'on voit des vierges danser devant la façade du Temple d'Artémis, pour la figuration duquel il s'est référé aux médailles antiques qui reproduisaient l'image de la Merveille.

Fondée vers la fin du XIe siècle avant J.-C., Éphèse a mérité son titre de plus belle ville d'Asie Mineure grâce à l'Artémision et à ses innombrables pèlerins. Rome en fit même la capitale de sa province d'Orient avant que Byzance ne la détrône.

Dans leur destin d'œuvres humaines périssables, les Sept Merveilles de la liste canonique de Philon de Byzance ont connu des morts différentes. L'Artémision est la seule d'entre elles à avoir été reconstruite après sa destruction par le feu et à devoir sa gloire à sa dernière version architecturale.

Un choix religieux et aussi politique

Par sa fonction cultuelle, l'Artémision d'Éphèse était un sanctuaire de premier plan, à la charnière du monde grec et du monde oriental. Si l'on s'interroge sur sa « légitimité » de Merveille, en considérant les seuls critères d'innovation et d'esthétique architecturale, on peut avancer que ce sont ses dimensions et son décor fastueux qui lui ont valu d'être distingué des autres temples. Tel est le point de vue de Marie-Christine Hellmann, directeur de recherches au CNRS et spécialiste de l'architecture antique. « À Éphèse furent utilisés pour la première fois un modèle de chapiteau ionique très allongé et des bases de colonnes faites d'un tore à fines cannelures horizontales au-dessus d'un gros disque à deux scoties (moulures concaves). Mais la plus grande originalité résidait dans ses colonnes ciselées hautes de près de 19 mètres pour un diamètre à la base d'environ 1,70 m. »

Marie-Christine Hellmann est néanmoins convaincue que le Parthénon est un grand oublié de la compétition. « Il présente, observe-t-elle, un mélange remarquable de style dorique et de style ionique. Nul autre temple grec n'égale ses raffinements. Son stylobate convexe, ses colonnes galbées et effilées, ses métopes sculptées, sa frise ionique, autant de réussites pour lui donner l'excellence. Si l'Artémision lui a été préféré, le choix est politique. » Athènes, reléguée au rang de ville secondaire, subissait une éclipse. Éphèse, en revanche, resplendissait en Ionie.

À Rome
Le premier Panthéon (vers 27 avant J.-C.) est dû à Agrippa ; il fut reconstruit en 125 après J.-C. par l'empereur Hadrien qui modifia complètement le plan initial. La façade est un portique de huit colonnes de granit. Sur le fronton figurent toutes les divinités du panthéon romain, et au faîte un groupe sculpté en acrotère. Surmonté d'un quadrige, un bâtiment massif en brique relie le pronaos à une rotonde. Un mur de 6 mètres d'épaisseur soutient la coupole, laquelle fut coulée dans un coffrage en bois. À l'intérieur, des caissons réduisent le poids de la voûte réparti grâce des arcs de décharge.

Le Zeus olympien

« Sourcils sombres, cheveux divins » : Zeus, selon Homère.

Berceau de la compétition sportive, Olympie fut avant tout un lieu sacré où, tous les quatre ans, s'accomplissait le miracle de l'impossible union des cités grecques. Le site était le domaine du dieu Zeus à qui les athlètes prêtaient serment avant de se disputer la couronne. Car, en ce temps-là, le sport n'était pas un spectacle mais un sacrifice au dieu. Aussi les jeux Olympiques posèrent-ils à Phidias – artiste cher à Périclès – la question suivante : comment représenter le divin dans sa puissance et sa gloire ? Sa réponse fut une statue d'or et d'ivoire qui devint Merveille du monde.

La statue chryséléphantine de Zeus
Dans sa main droite, une victoire ailée, dans sa main gauche un sceptre.

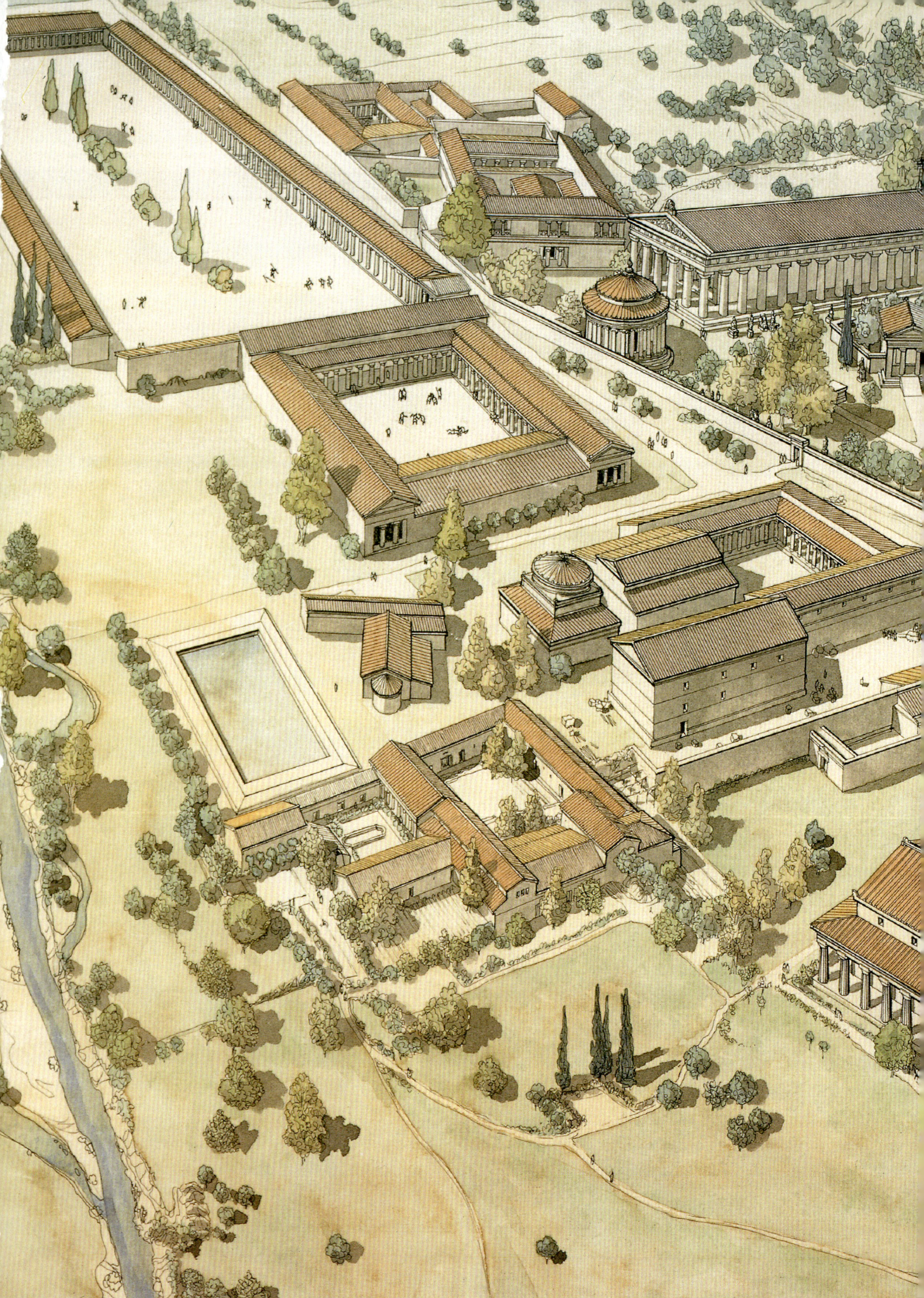

Dans le gymnase
Les athlètes s'entraînaient au jet du disque, au lancer du javelot et au saut en longueur. Accolée à l'édifice, la palestre où se déroulaient les épreuves des trois sports de combat – lutte, pugilat et pancrace.

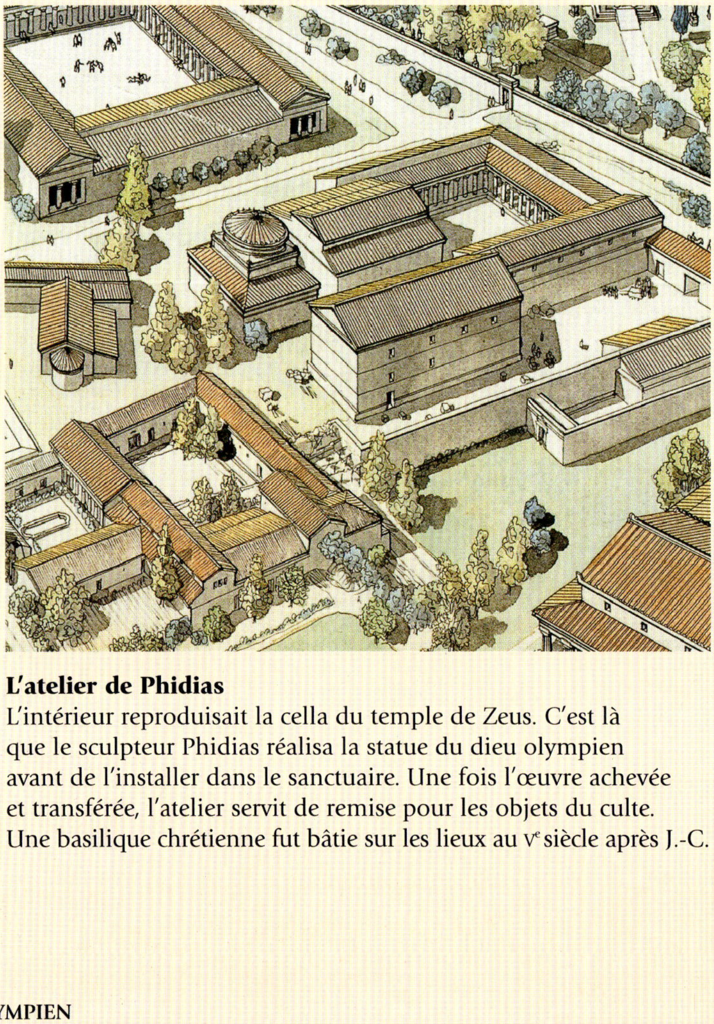

L'atelier de Phidias
L'intérieur reproduisait la cella du temple de Zeus. C'est là que le sculpteur Phidias réalisa la statue du dieu olympien avant de l'installer dans le sanctuaire. Une fois l'œuvre achevée et transférée, l'atelier servit de remise pour les objets du culte. Une basilique chrétienne fut bâtie sur les lieux au Vᵉ siècle après J.-C.

Le cœur d'Olympie
Dans l'enceinte sacrée de l'Altis, de gauche à droite : le temple d'Héra et, devant, le Philippeion (tholos contenant les statues des princes et princesses de Macédoine), puis le grand temple de Zeus et son autel extérieur, enfin le Bouleutérion (siège du sénat olympique) et le portique sud. Devant l'enceinte (en premier plan), de gauche à droite : le gymnase, la palestre, le Théokoléon (demeure des prêtres), l'atelier de Phidias, le Léonidaion (hôtellerie). En haut à droite, le stade et l'amorce de l'hippodrome.

Le stade
Flanqué du portique d'Écho, galerie couverte, le stade d'Olympie formait un rectangle dont le plus long côté mesurait 212 mètres. La piste était couverte d'un mélange de terre et de sable ; elle était limitée par deux bordures de calcaire, la ligne du départ et celle de l'arrivée des coureurs. Entre ces deux démarcations, la distance du stadion, celle de la course simple (au sprint), 600 pieds, soit 192,27 m. La piste était entourée de simples remblais où le public s'amassait.

L'hippodrome
Parallèle au stade, il était le lieu des courses de chevaux montés et des courses de chars. L'« arène » était arrondie à l'extrémité est, et la longueur de la piste était de 780 mètres environ. Les cavaliers et auriges devaient contourner deux bornes dans l'axe longitudinal. Le dispositif de départ (embolon) avait la forme de la proue d'un navire face à la piste. À l'intérieur, des autels, et, à la pointe de l'éperon, une colonne surmontée d'une statue votive.

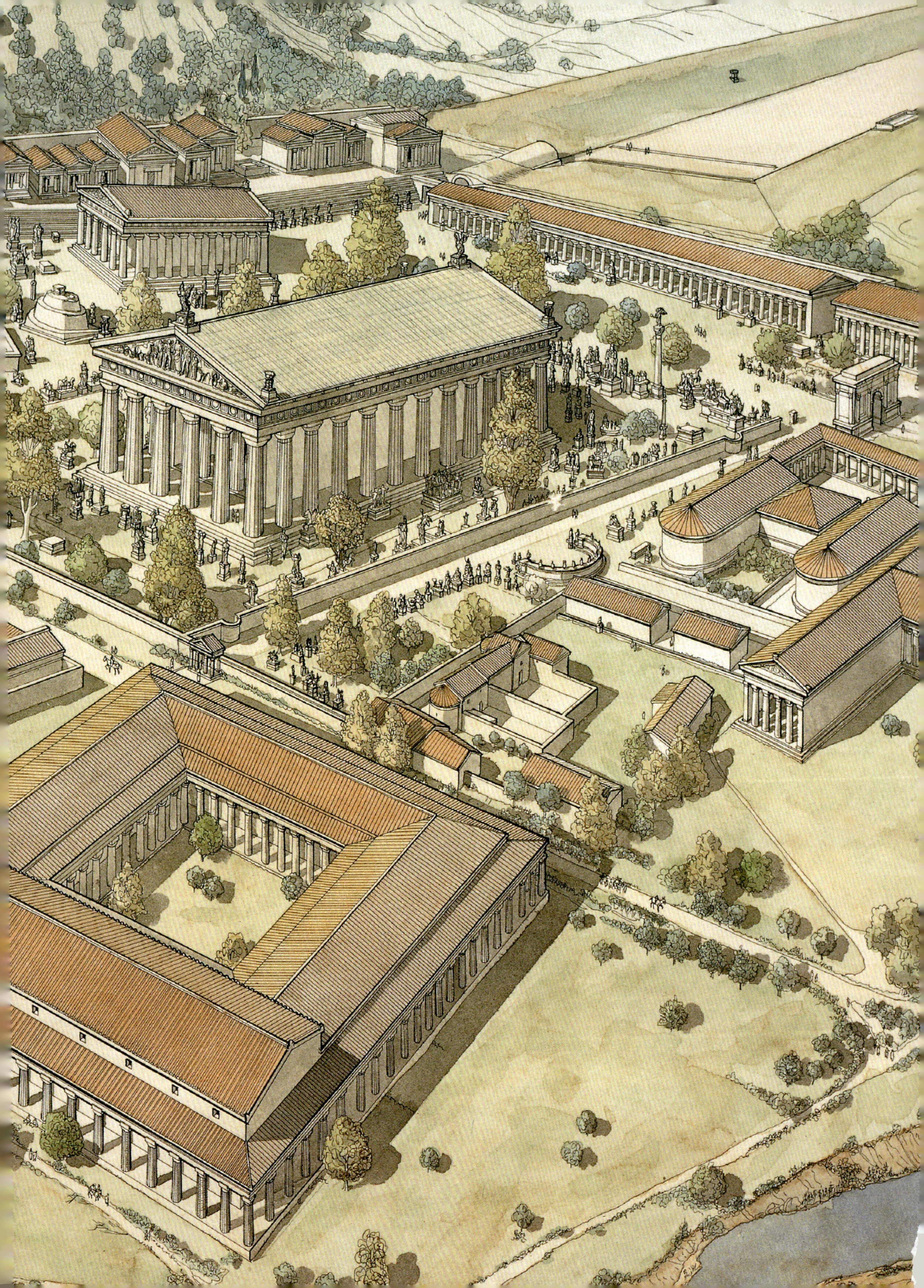

Le grand livre de pierre de la mythologie grecque

Devant la statue chryséléphantine de Zeus à Olympie, les plus grands athlètes de la Grèce antique se sont recueillis. Portant les figures essentielles de la mythologie hellénique, le trône du dieu assis en majesté constituait à lui seul un étonnant livre de pierre.

Les jeux Olympiques et la cérémonie de la flamme ont popularisé le nom d'Olympie, inscrit désormais au patrimoine mondial. Cette renommée a néanmoins éclipsé sa figure tutélaire. C'est ainsi qu'on ne peut méconnaître aujourd'hui les « JO », l'événement sportif le plus médiatisé que se disputent les capitales du monde moderne. En revanche, on peut ignorer qu'une des Sept Merveilles a brillé, sous la forme d'une statue chryséléphantine du dieu Zeus, dans le site d'Olympie et a contribué à donner tout son sens à la compétition des athlètes qui s'y rassemblaient en délégations. En effet, Olympie était un centre religieux, et les champions dédiaient leurs victoires à Zeus, maître du ciel et de la foudre, et roi des dieux. Sa gloire a perduré quelque mille ans… et son éclipse bien davantage.

À Delphes
Les prestigieux jeux Pythiques de la cité d'Apollon vainqueur du serpent Python n'ont jamais réussi à surpasser l'influence des jeux Olympiques. On aperçoit le sanctuaire oraculaire du dieu à mi-hauteur du site sacré.

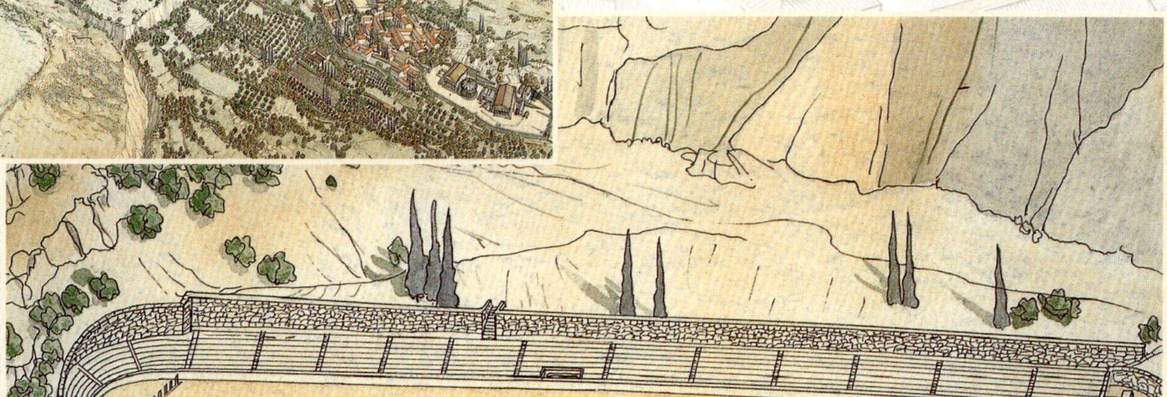

Le stade de Delphes
Il dominait la cité de la Pythie. La piste, longue de 600 pieds (aussi longue que celle d'Olympie), était divisée en vingt couloirs. À l'une de ses extrémités en hémicycle (à droite) s'élevait un arc monumental en bois, peut-être le plus ancien arc de triomphe connu. Le gymnase de Delphes comportait à son niveau supérieur un xyste (piste couverte d'entraînement à la course).

Les Jeux interdits

Jusqu'à la fin du XVIIIe siècle, le site était rayé de la carte. Aussi pouvait-on traverser le vallon de l'Altis sans soupçonner un seul instant que les Olympiades y avaient pris naissance et que les meilleurs athlètes de la Grèce antique s'y étaient affrontés sous l'égide d'une gigantesque statue de Zeus, toute d'ivoire et d'or. Aucune trace de la construction d'un édifice religieux ou d'un équipement sportif n'apparaissait pour en témoigner. Le stade, la palestre, l'hippodrome, les temples, les autels... Qu'étaient devenus tous ces bâtiments? Où gisaient les 3 000 statues de divinités et de héros qui les peuplaient? Où étaient donc les alignements de stèles sur lesquelles étaient gravés les noms des vainqueurs?

Ce ne furent cependant pas les invasions barbares du IVe siècle après J.-C. qui provoquèrent la ruine du site, mais les interventions de l'Empire byzantin. En effet, en raison du caractère sacré des Jeux, qui pouvait porter ombrage au christianisme imposé comme religion d'État dans l'empire, Théodose Ier, par un décret interdisant les cultes païens (381 après J.-C.), allait mettre fin aux rassemblements olympiques. Le temple de Zeus conserva quelque temps des fidèles venus dans l'illégalité, mais le petit-fils du censeur, Théodose II, signa un édit exigeant la désaffectation des temples. Décoration et ornements furent alors saccagés et un village s'installa dans les bâtiments vides. La nature prêta elle aussi main-forte aux iconoclastes et aux prédateurs : des tremblements de terre achevèrent d'abord de disloquer les monuments, puis le fleuve Alphée et son affluent, Kladée, sortirent de leur lit, inondant et recouvrant le site d'alluvions. C'est ainsi et pour longtemps que les ruines d'Olympie furent ensevelies sous la boue jaune arrachée aux sols des oliveraies et des vignobles.

En 1765, le site disparu fut repéré par un voyageur anglais, mais les premières fouilles ne furent entreprises qu'en 1829. En 1875, une mission allemande, dirigée par Ernst Curtius, mit au jour les vestiges du temple de Zeus. Aussi fallut-il un siècle et une succession de fouilles pour qu'Olympie arasée ressuscite dans le tracé de son enceinte sacrée.

Olympie, le sanctuaire des sanctuaires

Au nord-ouest du Péloponnèse, la vallée de l'Élide est verdoyante et pleine de charme. Cependant, rien ne semblait prédestiner cette région paisible et modeste à devenir le cœur de la culture hellénique et la terre du sport. En outre, des cités prestigieuses organisaient aussi des jeux panhelléniques. Ainsi, à Delphes, les jeux Pythiques, en l'honneur de la victoire d'Apollon sur le serpent Python; près de Corinthe, les jeux de l'Isthme; en Argolide, les jeux Néméens, que chanta Pindare; à Athènes, les Grandes Dionysies et, à Éleusis, les Mystères. Mais jamais les fêtes et cérémonies de ces orgueilleuses cités n'atteignirent la renommée des Olympiades. Car, dans son enceinte sacrée, Olympie, qui était administrée par Élis, la cité suzeraine, se hissait alors au rang de sanctuaire des sanctuaires...

À la lumière des mythes, on voit les dieux concourir sur le site sacré bien avant les hommes. De nombreuses légendes font intervenir le maître de l'Univers, Zeus. Ainsi, on raconte que, fuyant son père Cronos, Zeus aurait conquis dans la vallée de l'Élide,

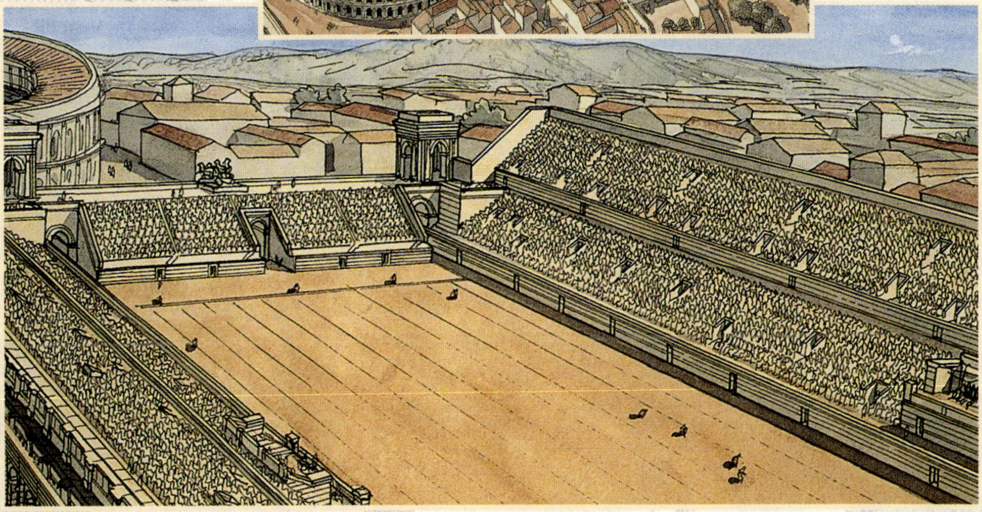

Le stade de Domitien
À Rome, le stade construit par Domitien vers 80 après J.-C. se dressait à côté de l'Odéon, théâtre de 10 000 places. En l'honneur de Jupiter Capitolin, l'Empereur associait à des jeux équestres et musicaux des jeux athlétiques à la grecque. Quelque 30 000 spectateurs s'entassaient sur les hauts gradins. À l'emplacement du stade Domitien a été aménagée la fameuse Piazza Navona, l'une des plus belles places de la capitale.

où il fit escale, son pouvoir suprême et qu'il se trouva à la clé de voûte de la religion grecque. C'est pourquoi la vallée fut considérée comme la seconde demeure olympienne.

On dit aussi que, né en Crète, Zeus enfant aurait été, pour échapper à Cronos, confié par sa mère à cinq Kourètes de l'île, tous frères. Dans leur fuite, quand ils traversèrent l'Élide, au confluent de l'Alphée et de la Kladée, l'un des Kourètes, un certain Héraclès du mont Ida (à ne pas confondre avec l'auteur des douze travaux), imposa à ses frères une course à pied pour divertir l'enfant divin et couronna le vainqueur d'un rameau d'olivier sauvage. Ainsi aurait été ouvert le premier Jeu. On aurait, en souvenir de ses cinq pionniers, institué le calendrier olympique (tous les quatre ans révolus, au début de la cinquième année) et fixé la longueur du futur stade sur leur course distante de 600 pieds (192, 27 m).

Selon Pindare, c'est Héraclès, fils de Zeus et d'Alcmène, et héros des douze travaux, qui serait le fondateur des Jeux en détournant les eaux de l'Alphée afin de nettoyer les écuries d'Augias.

Sur le premier fronton du temple dorique consacré à Zeus à Olympie est sculptée une scène, ne faisant pas intervenir le dieu suprême, mais qui pourrait être une autre légende fondatrice des jeux Olympiques. La belle Hippodamie, fille d'Œnomaos roi de Pisa, cité voisine d'Olympie, voyait périr tous ses prétendants : son père disait qu'il accorderait sa main à celui qui lancerait son char de front avec le sien et arriverait avant lui devant l'autel de Poséidon, à Isthme. Mais le roi, avec les chevaux ailés que lui avait offerts le dieu Arès, était assuré de la victoire, et le vaincu payait son échec de sa vie. Pélops, un prince phrygien (qui a donné son nom au Péloponnèse), releva le défi. Hippodamie, éprise du prince, décida de le sauver en trahissant son père. Avec la complicité du cocher du roi, Myrtilos, elle remplaça les chevilles maintenant les roues du char d'Œnomaos par des chevilles en cire. Les roues se détachèrent, et le roi se rompit le cou. Née d'une violence passionnelle, la course acquit à Olympie son brevet de pacifisme, mais sans exclure que le compétiteur engageât sa vie.

L'institution de la paix sacrée

Si l'on peut trouver sans conteste des origines mythiques aux Jeux, ceux-ci se sont également inscrits dans les annales de l'Histoire.

Dans un bois sacré, l'Altis, de la fameuse vallée, des paysans se livraient depuis longtemps déjà à des

joutes, en l'honneur de Zeus. Progressivement, des groupes d'athlètes venus d'ailleurs, mais tous de langue grecque, se joignirent aux compétitions. C'est certainement dans ces rassemblements panhelléniques que se dessinèrent les Jeux auxquels l'Histoire donna ensuite une origine officielle toujours marquée par le sacré et la mythologie. En effet, au IXe siècle avant J.-C., alors que la Grèce était divisée et meurtrie par des guerres entre les États, le roi d'Élide, Iphitos, consulta l'oracle de Delphes, la Pythie. Celle-ci lui inspira la reprise des Jeux, chers aux dieux. Après qu'Iphitos eut rencontré le roi de Sparte, qui fit de l'Élide un État neutre, il décida d'instituer des Jeux à Olympie tous les quatre ans, au début de la cinquième année, le jour de la pleine lune. Toutefois, le point de départ historique de la cérémonie périodique est en 776 avant J.-C., date de l'inscription dans la pierre du premier vainqueur de la course du stade à Olympie, Koroïbos.

Tous les États grecs étaient invités à participer aux Jeux, occasion d'oublier leurs rivalités, car ils ne pouvaient s'accomplir que pendant la trêve des armes, laquelle durait au moins un mois, dans le faste d'un cérémonial, en l'honneur du dieu des dieux.

Une statue d'or et d'ivoire

Tabernacle du monde grec, le temple de Zeus fut construit par l'architecte Libon d'Élis entre 468 et 457 avant J.-C. Il fallut quatorze ans de travaux pour apporter au colossal édifice (de la hauteur d'une maison de trois étages), dont le toit était recouvert de tuiles de marbre, une magnificence digne d'accueillir l'hôte divin. Quand, vers 438 avant J.-C., échut au grand sculpteur Phidias – auteur, entre autres, du décor du Parthénon et de la statue éponyme d'Athéna – la difficile tâche d'élever à Olympie la statue de Zeus, il sut qu'il devait réserver au roi de l'Olympe, au dieu des dieux de la Grèce, un traitement spécial : la sculpture serait chryséléphantine, c'est-à-dire d'or et d'ivoire. L'ivoire pour magnifier la peau blanche du dieu, l'or pour enrichir sa parure.

Phidias se fit construire un atelier à l'ouest du temple et de mêmes dimensions que celles de son *naos*

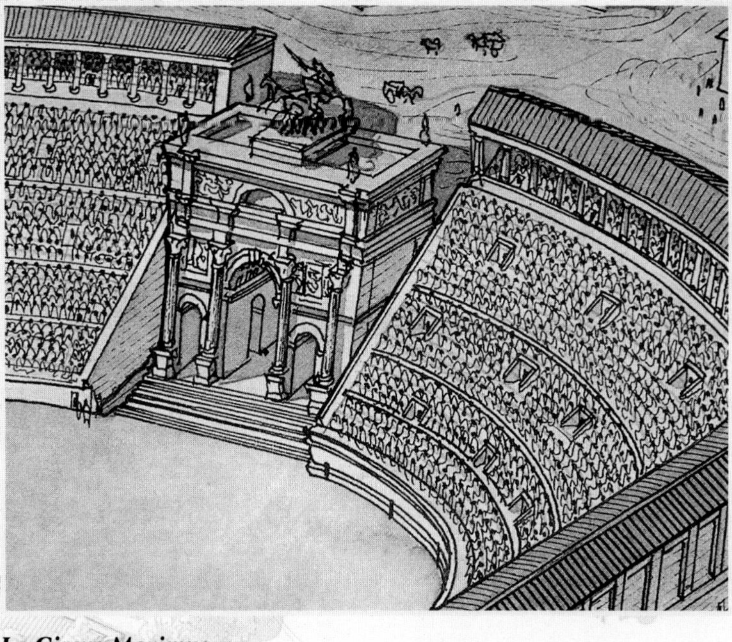

Le Circus Maximus
Édifié sur le site archaïque des jeux de Septembre, il fut le plus grand hippodrome de la Rome antique. Agrandi par Néron, il mesurait 645 mètres de longueur sur 124 mètres de largeur. On est loin de l'hippodrome agreste d'Olympie. Le sport était devenu spectacle. Les courses de chars rassemblaient les foules : 150 000 places au temps d'Auguste, plus de 200 000 à l'époque de Trajan. Un arc de triomphe monumental occupait l'extrémité courbe ; à l'autre, rectiligne, se dressait la loge de départ des courses. L'axe médian (spina), délimité par deux bornes coniques, était planté de colonnes et d'obélisques. Le plus élevé d'entre eux, 32 mètres de hauteur, se trouve aujourd'hui place Saint-Jean-de-Latran. Le Circus est en grande partie enfoui : une longue esplanade occupe désormais l'ancien espace sportif, entre le Palatin et l'Aventin.

(chambre intérieure). Un bassin reflétait la lumière sur la statue en gestation. Le géant de 15 mètres de hauteur, qui fut achevé vers 431 avant J.-C., avait exigé plus d'une tonne d'or et autant d'ivoire africain. Les plaques étaient montées sur une âme (ou noyau) en bois, et, pour protéger son revêtement d'ivoire, la statue était régulièrement enduite d'huile d'olive.

Probablement dernière œuvre de Phidias, le dieu assis sur son trône était aussi haut qu'*Athéna Parthénos* debout dans le Parthénon sur l'Acropole. Quand le Zeus Olympien fut installé à l'intérieur du temple, Phidias aurait invoqué son modèle : « Roi des rois, maître de l'Olympe, si je t'ai honoré, fais-le moi savoir. » À ce moment-là, un éclair aurait frappé le dallage aux pieds de la statue. Le sculpteur y vit un signe d'approbation. L'impact de la foudre divine aurait été dissimulé par les prêtres sous un vase de bronze ou bien une plaque de marbre noir, selon les versions de la légende.

Pausanias, géographe grec et grand voyageur, auteur d'une *Description de la Grèce*, se rendit à Olympie au IIe après J.-C. Il dressa alors un portrait détaillé de la statue. Elle portait sur la tête une couronne de rameaux d'olivier, emblème de la victoire olympique ; barbe et cheveux étaient constellés de pierres précieuses ; la main gauche s'appuyait sur un sceptre sommé d'un aigle, tandis que la gauche tenait une victoire d'or et d'ivoire ; les signes du zodiaque étaient gravés sur son himation (long manteau sans manches) piqué de fleurs de lys. Le dossier de son trône était orné de deux groupes – celui des Trois Grâces et celui des Heures –, ses montants étaient décorés de sphinx. Quant au socle, il était peuplé de statues en or.

De même que la statuaire des cathédrales gothiques sera la bible de pierre chargée d'instruire le peuple médiéval de l'Ancien et du Nouveau Testament, la statue du Zeus olympien, ornée des scènes et figures essentielles de la mythologie hellénique, constituait un véritable enseignement du panthéon. Nul visiteur ne pouvait ignorer ses dieux et ses héros : Éros et Aphrodite, le Sphinx de Thèbes, Héraclès aux prises avec les Amazones, Thésée et le Minotaure.

De la tête aux pieds et sur son socle même, la Merveille était à elle seule un musée de sculpture, une bibliothèque illustrée, un recueil de récits épiques, un livre ouvert…

Sur les cloisons protégeant le trône, les peintures de Panainos, proche parent de Phidias, complétaient les représentations sculptées. Y défilaient les Centaures, Héraclès au secours du titan Prométhée, un épisode de la vie d'Hippodamie, la princesse qui fut l'enjeu de la première compétition. Une fresque historique sur la bataille de Salamine gagnée contre l'envahisseur perse (480 avant J.-C.) y était lue comme un hymne à l'union grecque célébrée à Olympie.

La Merveille avait une telle aura que les meutes d'iconoclastes, mandatées et lâchées par Théodose pour mettre fin au culte païen d'Olympie, n'osèrent pas la profaner. L'atelier de Phidias fut transformé en église, mais, épargnée, la statue ne fut pas jetée à bas de son trône. Elle fut transférée à Constantinople (au début du Ve siècle après J.-C.), siège de l'Empire romain. Sa beauté l'avait protégée. Lausos, le chambellan de la cour de Théodose II, l'installa près de l'Hippodrome, dans la grande galerie d'un palais de brique transformée en glyptothèque.

Icône impériale, la statue chryséléphantine fut sans doute copiée par de nombreux artistes, ne serait-ce que pour sa beauté et les traits réguliers du visage – nez droit, sourcils épais, masse des longs cheveux divisée en deux. Si un incendie ne l'avait pas détruite en 475, elle aurait peut-être été associée au culte chrétien byzantin, comme une représentation du Dieu unique ou encore celle du Christ en gloire, assis au jour du Jugement…

Au dieu qui inspira la religion du sport

Pour célébrer Zeus et les autres dieux, cérémonie d'ouverture, épreuves et cérémonie de clôture duraient sept jours (en 472 avant J.-C.). On sacrifiait des bœufs sur l'autel de Zeus : le socle de pierre se couvrait de cendres qui formaient une butte de plusieurs mètres. Au fil des Olympiades, le programme des épreuves s'enrichit et, vers 350 avant J.-C., on répertoriait quatre types d'épreuves :

- **la course à pied – sprint sur la longueur du stade (192,27 m), course double, course de fond, course en armes ;**
- **saut, et lancer du disque et du javelot ;**
- **sports de combat – lutte, pugilat et pancrace ;**
- **courses équestres – chars, chevaux montés, épreuves de trot.**

« Les Jeux marquaient une trêve dans un monde de violence, souligne Philippe de Carbonnières, archéologue au musée Carnavalet et spécialiste du sport antique. Le sport était une exaltation de l'effort humain, un sacrifice de son énergie aux dieux. Les vainqueurs se contentaient d'une couronne végétale honorifique. Chez les Romains, la compétition deviendra un spectacle et prendra un caractère professionnel. Les Olympiades représentent dans l'histoire de l'évolution du sport une phase d'équilibre et d'harmonie. Entre guerre et paix. La puissance divine représentée par Phidias tend à s'humaniser. »

Le Mausolée d'Halicarnasse

Le tombeau du roi Mausole.

Pour certains hommes illustres, la rançon de la gloire fut de donner leur nom à des villes, des lieudits ou des objets de leur invention fabriqués en série. La renommée des Sept Merveilles a valu à l'une d'entre elles de devenir un nom commun en art funéraire : le Mausolée d'Halicarnasse. Ce monument a tellement fasciné les hommes de l'Antiquité que le terme de « mausolée » a servi à désigner tous les tombeaux de grandes dimensions, or ils ne sont pas tous dignes de l'appellation. Pour mériter d'être rangé dans la lignée de l'admirable précurseur, encore faut-il lui être comparable.

La façade du Mausolée vue du portique d'entrée
Au IVe siècle avant J.-C., les frises sculptées et les groupes de statues du Mausolée ont mobilisé les meilleurs artistes de l'époque.

La tradition orientale
Le mausolée de Cnide (colonie dorienne) mérite d'être évoqué ici pour sa structure dont Pythéos, l'architecte choisi par Mausole, s'est inspiré. Mais il paraît bien nu à côté du chef-d'œuvre d'Halicarnasse. Pythéos a transfiguré la tradition en introduisant la proportion entre les éléments sculptés et les parties architecturales.

Une petite acropole
Le Mausolée était situé sur une colline dominant le port d'Halicarnasse, l'actuelle Bodrum, sur la côte égéenne turque. Emblème de cette petite acropole, il se composait de trois niveaux superposés : un podium (contenant la chambre funéraire avec un couloir d'accès) ; une colonnade de trente-six piliers d'ordre ionique ; un toit pyramidal surmonté d'un quadrige en marbre. Les quatre côtés de l'édifice étaient décorés. L'enceinte, ou péribole, s'ouvrait par un propylée, ou portique d'entrée.

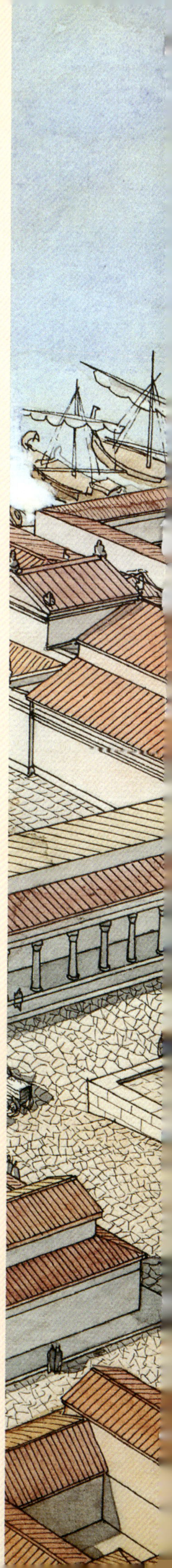

En réduction
Édifié à l'époque romaine, le monument funéraire de Mylasa apparaît comme un modèle réduit du Mausolée d'Halicarnasse. Il est le tombeau surélevé le mieux préservé en Asie Mineure. Première capitale de la Carie, Mylasa était la ville natale de Mausole.

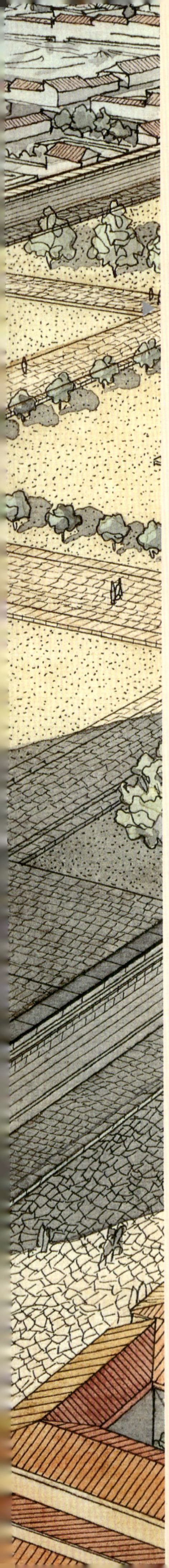

Un toit en clocher
Pour coiffer les mausolées de style oriental, la structure type est la forme pyramidale. Toutefois, certains de ces tombeaux surélevés ont un toit caréné comme celui d'Es Souma dans la région de Constantine (Algérie).

Un toit pyramidal
Dans le djebel Druze, en Syrie, ce mausolée de Suweda (Soada à l'époque romaine) illustre la tradition orientale de la maison des morts : les tombeaux sont des édifices juchés sur de hautes plinthes et leur toit est en forme de pyramide à degrés. Les murs extérieurs de la chambre funéraire sont ornés de reliefs dans l'entrecolonnement.

La fusion des mondes grec et oriental

Au bord de la mer Égée, le Mausolée d'Halicarnasse est une merveille d'architecture funéraire qui a servi de modèle aux grands tombeaux historiques. Cette plus que remarquable œuvre d'art doit également sa gloire à une belle et inoubliable histoire d'amour.

Lorsqu'il s'empara d'Halicarnasse, capitale de la Carie, au sud-ouest de l'Asie Mineure, Alexandre le Grand détruisit la cité alors sous la domination perse, mais conserva intact un monument dont la beauté le saisit. Au milieu d'une magnifique esplanade dallée de 242 mètres sur 105, il demeura en extase devant un temple juché sur un socle massif de 38 mètres sur 32 et surmonté d'une pyramide couronnée d'un quadrige sculpté. Le temple était une chambre rectangulaire entourée de trente-six colonnes séparées par des statues. Sous l'édifice, dans un caveau creusé dans le rocher, reposaient les cendres de Mausole, satrape d'Halicarnasse et vassal de l'Empire perse.

Le tombeau triomphal qu'il avait décidé d'élever était inachevé à sa mort en 353 avant J.-C. Aussi Artémise, sa sœur et épouse, qui lui succéda, mena-t-elle à terme les travaux confiés à un duo d'architectes, Satyros et Pythéos. Alexandre admira en particulier trois frises extraordinaires. La première figurait une bataille entre les Grecs et les Amazones, la deuxième un combat de Centaures et la troisième relatait une course de chars à quatre chevaux. Autour du podium étaient posés sur des bases des groupes de statues dont certaines, hautes de 3 mètres, représentaient des scènes de la vie de Mausole.

Un monument numide
Près de Cherchell (Algérie), le mausolée royal, dit le « tombeau de la Chrétienne », date du Ier siècle avant J.-C. De forme circulaire, ce monument numide très bien conservé s'inscrit dans un cadre grandiose.

L'influence de Carthage
Au pied de l'Aurès, le Medracen (IIIe siècle avant J.-C.), autre mausolée numide, est situé à 35 kilomètres environ au nord-est de Batna (province de Constantine). Cône de pierre à gradins posé sur un socle cylindrique, il est orné d'une corniche à gorge de style punique, dans laquelle se lit l'influence carthaginoise.

Jusqu'au XIIIe siècle, le Mausolée résista aux tempêtes et aux invasions, mais des séismes l'ébranlèrent, et le bel ensemble, fissuré, s'écroula. En 1402, les chevaliers de Malte, de l'ordre Saint-Jean de Jérusalem, prirent Halicarnasse et érigèrent sur le port le château Saint-Pierre à l'emplacement de l'ancien palais du satrape. Installés à Rhodes, ils avaient besoin d'un bastion de défense avancé en mer Égée. Pour renforcer l'ouvrage, ils prélevèrent dans les ruines du Mausolée les pierres vertes volcaniques de la maçonnerie et les réemployèrent sur le chantier de la forteresse. Le démantèlement dura vingt-huit ans.

Coup de génie et preuve d'amour

Sur le versant d'une colline, l'ancienne cité de Mausole domine le port actuel de Bodrum, en Turquie. À l'emplacement du tombeau, on ne voit plus qu'une excavation, une descente d'escalier, des fragments de colonnes et quelques reliefs. Les plus beaux vestiges des frises ont été soustraits au pillage et sont exposés au British Museum à Londres.

Le « sauveteur » est un archéologue britannique, Charles T. Newton. Il fut le premier à avoir fouillé méthodiquement le site. Il découvrit un large escalier menant à un caveau dont l'entrée était barrée par un énorme bloc. Il fallut attendre la seconde campagne de fouilles dirigée de 1966 à 1977 par un Danois, Kristian Jeppesen, pour identifier les restes de la tombe même. Le bouchon masquait un couloir au bout duquel une porte en marbre blanc à deux vantaux défendait l'accès à un caveau de 6,30 m sur 6,80 m. Contournant l'obstacle, des pillards avaient creusé un tunnel aboutissant à la chambre sépulcrale aux murs en tuf. On a retrouvé des fragments de marbre blanc, sans doute venant du couvercle du sarcophage. Mausole ayant été incinéré, ses cendres furent déposées dans un reliquaire en or du type de celui retrouvé dans la tombe de Philippe de Macédoine. Le corps enseveli dans le sarcophage fut peut-être celui de son épouse Artémise voulant le rejoindre dans la mort. La crémation n'était en effet pas d'usage pour les femmes de la noblesse de Carie.

Newton a recueilli des ossements d'animaux sans doute sacrifiés pour « nourrir » les défunts. Le trésor archéologique est une collection de dix-sept vases, ou alabastres, dont l'un porte le nom de Xerxès, le Grand Roi, à la fois en écriture cunéiforme et en hiéroglyphes. Il semble que la taille des statues allait croissant de bas en haut du monument, jusqu'au char de 6,50 m : d'abord grandeur nature, puis d'un tiers et enfin de deux tiers plus grandes. Les frises s'ordonnaient sur trois niveaux. La frise des Amazones (116 mètres de long) était placée entre le

Un chef-d'œuvre sculpté
Dans un paysage magnifique de l'intérieur de la Tunisie, sur le site de l'antique Thugga, le mausolée de Dougga à trois niveaux est un chef-d'œuvre du style libyco-punique. Sa frise sculptée représentant une course de chars l'apparente au tombeau d'Halicarnasse.

soubassement et le péristyle, au-dessous de la colonnade. On a émis l'hypothèse qu'Artémise et Mausole étaient sur le quadrige couronnant la pyramide. En fait, il est plus probable que les statues royales étaient situées sur des bases dans l'entrecolonnement du péristyle. Alors, qui conduisait le char ? Mausole ou une divinité ? La question n'est pas tranchée. Les lions du toit pyramidal étaient groupés par paires. D'autres statues en pied étaient alignées sur des socles étroits contre le mur du soubassement. Les trente-six caissons du plafond étaient décorés de bas-reliefs.

Les dimensions du monument sont inhabituelles en Lycie et en Carie, si on les compare à celles des autres tombeaux d'Asie Mineure. Il devait en imposer aux voyageurs. Mais plus encore que la taille de l'édifice, la richesse de ses ornements sculptés explique la fascination exercée par le cénotaphe de Mausole. Sa statuaire est d'un luxe décoratif, d'une profusion baroque à laquelle les peuples de la région étaient certainement peu accoutumés. Mausole rêvait-il de la fusion des Grecs et des Barbares ? Sans doute. On gagerait qu'il avait la prémonition de la conquête d'Alexandre, dont l'épopée à travers le continent réalisa le rêve du satrape vingt-cinq ans plus tard, le temps d'une nouvelle génération.

L'ensemble architectural du Mausolée est comme un tryptique qui superposerait les cultures de l'Asie

Galerie ou temple(s) ?
Dans le djebel Chemtou (au nord-ouest de la Tunisie), un monument funéraire en ruines a fait l'objet de plusieurs tentatives de reconstitutions. La version la plus probable (représentée ici) est une galerie à colonnade couverte d'un seul tenant au-dessus d'un premier niveau à deux panneaux de façade décorés de médaillons de part et d'autre d'une entrée centrale. Les autres versions proposent soit un large soubassement à reliefs surmonté d'un petit temple, soit deux temples jumeaux juchés sur une base commune.

Mineure, de la Grèce et de l'Égypte. Le podium est caractéristique de l'architecture funéraire de Lycie (le monument des Néréides à Xanthos en est un exemple). Au-dessus, le péristyle, enveloppant une cella, est de style ionique, quant au toit, en forme de pyramide à degrés, il est d'inspiration égyptienne.

Chaque face du monument aurait été confiée à un grand artiste grec de l'époque : Scopas, Bryaxis, Thimotheos, Léocharès. On évoqua même le nom de Praxitèle. C'est rien moins que certain, mais la comparaison est flatteuse. Une chose est incontestable : la statuaire d'Halicarnasse est un manifeste de la suprématie de l'art grec en la matière.

La conception du tombeau sur pilier est orientale, mais l'ornementation est hellénique, l'architecture servant d'écrin à la sculpture flamboyante. En outre, avoir transposé l'architecture du temple périptère dans un monument funéraire est le « coup de génie » de Mausole.

Dans ses *Dialogues des morts*, Lucien de Samosate (IIe siècle après J.-C.) prête au roi de Carie ce cri d'orgueil : « J'ai sur moi dans Halicarnasse un tombeau d'une grandeur immense tel que jamais mort n'en a eu de plus splendide. Les chevaux et les hommes qu'on y a sculptés sont admirablement faits et d'un si beau marbre qu'on ne saurait trouver même un temple aussi magnifique. »

Simple féal du Grand Perse de son vivant, Mausole réussit dans la mort à léguer à la postérité la mémoire d'un chef-d'œuvre de la Grèce d'Asie.

En achevant les travaux, sa veuve fit plus qu'accomplir la dernière volonté du mécène bâtisseur, elle transforma ce temple en témoignage d'une passion impérissable. En son temps, cet édifice fut à l'Asie Mineure ce que le Taj Mahal fut, au XVIIe siècle, à l'Asie du Sud : le mémorial d'un amour extraordinaire. À Halicarnasse, ce n'est pas le seigneur qui glorifia la bien-aimée emportée par la mort, mais l'inverse : la dame immortalisant son amour.

Aulu-Gelle, un érudit romain, relate le transport amoureux d'Artémise, veuve éplorée après la mort de Mausole : « Serrant son corps entre ses bras et l'arrosant de ses larmes, elle le fit porter au tombeau avec un magnifique appareil. Ensuite, dans

Un « tumulus » à Rome
Construit entre 28 et 23 avant J.-C., à l'apogée de l'art classique romain, le mausolée d'Auguste reproduit la structure en tumulus des tombes étrusques. Sur une base rectangulaire s'élevait une partie cylindrique plantée de cyprès. Ce monument a été converti en forteresse au Moyen Âge. À proximité a été aménagée en 1940 la Piazza Augustino Imperatore.

l'ardeur de ses regrets, elle fit mêler les os et les cendres de son époux à des parfums, les fit réduire en poussière, les mélangea dans sa coupe avec de l'eau et les avala. Elle donna encore d'autres marques d'un violent amour. Pour conserver la mémoire de son époux, elle termina l'érection du sépulcre qui mérita d'être compté au nombre des Sept Merveilles du monde. »

Le Mausolée d'Halicarnasse, la seule merveille d'architecture antique à avoir été une preuve d'amour.

Un mausolée-forteresse
À Rome, le pont Sant'Angelo, qui enjambe le Tibre, offre la plus belle perspective sur le château Saint-Ange, dont la rotonde est surmontée d'une statue ailée. Le monument était initialement un mausolée impérial, Moles Adriani. *Commencé sous le règne d'Hadrien et achevé en 139, un an après sa mort, le mausolée-forteresse fut intégré à l'enceinte d'Aurélien.*

Précurseurs et descendants du Mausolée

Au sud-ouest de la petite ville turque de Milas, on accède à une nécropole bâtie sur le site de l'ancienne Mylasa, la capitale de la Carie avant que Mausole ne s'installe à Halicarnasse (actuelle Bodrum).

L'un des tombeaux de Mylasa est encore très bien conservé. Cet édifice funéraire se présente comme un modèle réduit du Mausolée d'Halicarnasse. Sur un podium élevé, une chambre entourée d'une colonnade est chapeautée d'un toit pointu.

En Lycie, construit vers 400 avant J.-C., le sanctuaire des Néréides, nymphes marines, est aussi un temple exhaussé sur une plate-forme. « Avec ses frises sculptées et les statues des filles de Nérée, ce monument lycien annonce le décor du Mausolée, observe Marie-Christine Hellmann, directeur de recherches au CNRS, spécialiste de l'architecture antique. Nul doute, la conception du Mausolée d'Halicarnasse est orientale et l'habillage est grec. »

À l'exception des tambours de colonne et du chapiteau intégrés par les chevaliers Hospitaliers dans la façade du château Saint-Pierre à Bodrum, et des vestiges des frises envoyés à Londres par l'archéologue Newton, on ne dispose que de textes anciens pour reconstituer le Mausolée.

Le couple royal exposé au British Museum livre-t-il les portraits des souverains inhumés à Halicarnasse ? Même si le visage de la femme est malheureusement mutilé, ce sont les seules statues qu'on a sauvées de pied en cap. L'homme mesure 3 mètres, la femme 2,70 m. À défaut de représenter le couple royal, ces personnages grandioses sont pour le moins apparentés à la famille du satrape.

« Les inconnues laissées par les campagnes de fouilles font aujourd'hui moins l'objet de controverses que le classement des statues aux différents niveaux », remarque Marie-Christine Hellmann. Cette spécialiste, qui a d'abord intégré l'École française d'Athènes avant d'entrer au CNRS et qui a consacré sa thèse d'État au vocabulaire de l'architecture grecque, souhaite plus de rigueur dans la « généalogie » du fameux Mausolée. « La descendance du Mausolée est d'autant plus nombreuse que l'on a appliqué le nom commun à tout monument funéraire un peu voyant. Il conviendrait, pour rester fidèle à l'esprit de la Merveille, de réserver le terme à des tombeaux surélevés, de taille et de forme exceptionnelles et couverts de groupes sculptés importants. »

Le Colosse de Rhodes

La statue géante effondrée à la suite d'un séisme.

Le Colosse de Rhodes avait-il les traits d'Alexandre le Grand ? Était-il un Gulliver athlétique à tête d'Apollon ? Il est permis de rêver. Toutefois, il est incontestable que le géant de bronze représentait le dieu Hélios, sauveur et protecteur de la plus grande île du Dodécanèse. Il ne resta debout qu'une soixantaine d'années, mais, abattu par un séisme, les membres rompus, il continua sa vie de prodige sur le port pendant près de dix siècles.

Fin de chantier
Le Colosse domine le port du haut de ses 34 mètres. Sa couronne radiée est celle du dieu Hélios représentée sur nombre d'amphores et de médailles.

Une arche fictive
À partir du XVIIIe siècle, le Colosse de Rhodes a été représenté enjambant le port, un pied sur chaque môle. Cette posture n'est pas plausible, car elle défie les lois de l'équilibre. Les traverses de fer de son armature auraient été en porte-à-faux. L'hypothèse a été écartée au profit de l'attitude jambes serrées, bras dans le prolongement du corps.

Comme une sentinelle
Libéré des moules d'argile et de l'échafaudage, le Colosse de Rhodes apparaît debout sur son socle, un podium circulaire fondé sur un îlot rocheux maçonné. À cet emplacement, près de l'entrée du port de Mandraki, havre bien protégé, les navires abordant la ville découvraient cette sentinelle avancée. À gauche, on voit l'agora et le centre de la cité ; au fond et à droite, le temple d'Apollon et le stade.

Une tour de coffrage
Le Colosse aurait été assemblé par superposition de sections de bronze sur une plate-forme, comme on exhausse les étages d'un immeuble. Au fur et à mesure, les parties achevées de l'ouvrage auraient été enveloppées d'une chape de terre maintenue par un échafaudage. La coulée se faisait sur place à l'aide de moules d'argile où l'on versait le métal en fusion. Le chantier aurait duré une décennie.

L'image d'un dieu
La tête du Colosse fut coulée en dernier. Il n'est pas impossible que le sculpteur Charès de Lindos ait donné au dieu Hélios, fondateur et protecteur de l'île de Rhodes, les traits d'Alexandre le Grand. Avant le Colosse, Hélios était le plus souvent représenté conduisant un quadrige.

Le géant aux pieds de bronze
Les pieds furent ancrés sur un socle circulaire en marbre de 17 mètres de diamètre. Le tour des chevilles dépassait le mètre. Avec ses jambes dans la position d'un athlète sur un podium, le géant avait l'aplomb d'une colonne. La statue était creuse et « armée » : à l'intérieur, un noyau de pierre et une armature de tirants de fer. Près de 13 tonnes de bronze furent coulées, 7 tonnes de fer utilisées.

Foudroyé, le géant solaire a survécu...

Le « second soleil », ainsi était désigné dans l'antique Rhodes le Colosse, qui, du haut de ses 34 mètres, veillait en sentinelle éclairée sur le port. Singulier destin que celui de cette statue du dieu Hélios qui, pendant près de dix siècles, survécut à un séisme.

Un pied sur chaque môle, un géant enjambe le port. Il forme de ses membres écartés une arche sous laquelle passent les vaisseaux : cette vision fantastique du Colosse de Rhodes adoptée par les illustrateurs à partir du XVIIIe siècle défie toutes les lois de l'équilibre. Et pourtant les archéologues et architectes, attachés à lui substituer une version plausible, ont bien du mal à l'extirper de l'imaginaire collectif.

Les genoux brisés

Dans le monde hellénique, le terme « colosse » désignait toute statue. Après que la masse sidérante de la statue dédiée au dieu Hélios (le Soleil) eut été admirée dans le port de Rhodes et qu'elle fut classée au rang de Merveille, le mot fut réservé aux figures géantes de la sculpture.

Érigé vers 287 avant J.-C., le Colosse fut renversé par un tremblement de terre en 227-226 avant J.-C. Le roi d'Égypte, Ptolémée III, proposa de le redresser, mais il dut y renoncer, car l'oracle de Delphes avait prédit que l'opération, de mauvais augure, porterait malheur à la cité.

Brève fut l'existence de cette Merveille mais durable sa gloire. Abattu, brisé au niveau des genoux, le gisant disloqué continua à exercer une fascination pendant près de dix siècles. Les auteurs de l'Antiquité qui le citent ou le décrivent ne l'ont vu qu'effondré.

Sur l'Acropole
Au centre, en plein air, s'élevait la statue de bronze d'Athéna Promachos ; la pointe de sa lance était à 10 mètres au-dessus du sol. L'autre Athéna de l'Acropole (ci-dessus), haute de 10 mètres, se dressait à l'intérieur du Parthénon toute revêtue d'or et d'ivoire.

La plus grande statue d'Égypte
À Gizeh, près de la rampe processionnelle du temple funéraire de Khéphren, le Sphinx était en partie enfoui dans le sable avant d'être dégagé en 1860. Avec une tête humaine et un corps de félin, il incarne la puissance du pharaon.

Parmi eux, Pline l'Ancien : « Peu d'hommes peuvent en embrasser le pouce. Les doigts sont plus grands que la plupart des autres statues. De vastes cavernes sont béantes dans ses membres rompus. »

La statue solaire mesurait 70 coudées, soit 34 mètres si l'on convertit sur la base de la coudée dorienne. (Son tour de poitrine : 18 mètres; son tour de cuisse : 3,50 m; son tour de cheville : 1,50 m.)

Certes, la statue eut une « vie verticale » éphémère, mais jamais des vestiges aussi prestigieux n'avaient été préservés si longtemps du pillage. Néanmoins, bien que différée, l'échéance finit par tomber : après des siècles d'exposition, les ruines disparurent. En 654 après J.-C., le calife de Damas, Muawiyya Ier, emporta les pierres et les débris de métaux, et les vendit à un Juif d'Émèse (actuelle Homs, en Syrie) : les blocs auraient été transportés en Cœlésyrie par une caravane de quelque 1 000 chameaux.

La naissance du Colosse

Quelles sont les origines de cette statue? Quel événement commémorait-elle : mythe solaire ou bataille épique? Sans aucun doute, les deux confondus.

Certains ont pensé que le sculpteur, Charès de Lindos, avait prêté au Colosse les traits d'Alexandre le Grand, le conquérant macédonien qui avait lui-même était représenté la tête couronnée de rayons, à l'image d'Apollon. Le thème solaire est indissociable de l'île de Rhodes. La légende raconte qu'Hélios la fit surgir de l'abîme où elle était cachée et qu'il revendiqua cette terre à l'Olympe pour son usage exclusif. Profondément marquée par le culte du Soleil, la tradition insulaire avait déjà attribué à Hélios un quadrige, un groupe monumental réalisé en bronze par le sculpteur Lysippe. Charès de Lindos dut s'en inspirer pour le visage du Colosse. Car la commande qui lui avait été faite obligeait certainement l'artiste à surenchérir par rapport à la statuaire géante, spécialité de Rhodes qui s'enorgueillissait déjà de son épithète homérique de « ville au cent colosses ». Aussi ne fallait-il pas décevoir l'attente, d'autant qu'il s'agissait de commémorer dignement pour les temps à venir le miracle qui avait sauvé la cité de la destruction.

Miracle qui ne pouvait qu'être la grâce du dieu protecteur, Hélios. Vers 304 avant J.-C., le roi de Macédoine, Démétrios Ier, fit le siège de Rhodes. Appelé Poliorcète, « le preneur de villes », il paraissait irrésistible dans ses assauts. Ses machines de guerre étaient redoutables, en particulier l'Hélépolis, une impressionnante catapulte dont la seule évocation

Unique en son genre
La statue du Sphinx couché mesure 55 mètres de longueur et 20 mètres de hauteur. Son culte était associé à celui de l'« Horus dans l'horizon ». Entre ses immenses pattes antérieures s'ouvrait un sanctuaire. Des temples furent bâtis à proximité.

du nom faisait frémir. Mais la résistance s'organisa, et les assiégés tinrent tête toute une année. Le Macédonien, de guerre lasse, leva le camp, abandonnant son matériel militaire. Fêtant leur victoire et n'oubliant pas le commerce, les Rhodiens vendirent à prix fort les terribles catapultes. Avec la somme recueillie, ils financèrent l'érection du Colosse, en l'honneur du sauveur de la cité, Hélios.

Commandité, Charès de Lindos entreprit de créer un « second soleil ». Il travailla à son projet démesuré pendant une décennie. Philon de Byzance a décrit son mode opératoire : sur une base de marbre blanc, l'artiste fixa d'abord les pieds, puis, ayant calculé les justes proportions, il moula des sections de bronze. Le problème était de les superposer. Pour cela, il aurait eu recours à la méthode de la plate-forme de terre, enterrant au fur et à mesure chaque nouvel élément empilé, ce qui permettait l'édification progressive du Colosse. La masse, une fois dénudée, aurait été menacée de dislocation si une armature interne ne l'avait pas consolidée. C'est la raison pour laquelle Charès avait monté à l'intérieur une structure métallique qu'il bourra de blocs de pierre. Le sculpteur était à bonne école. Les Rhodiens étaient d'habiles fondeurs de métaux.

La ruine de l'ouvrage et son démantèlement ont donné libre cours à l'imagination des conteurs et illustrateurs. En 1394, un pèlerin italien ne mesura pas sa peine. Il avait toisé, à l'en croire, l'écartement des jambes du Colosse : pas moins de 400 mètres.

L'Aménophium de Thèbes
Une vue du temple funéraire d'Aménophis III et de son pylône d'entrée.

Les gardiens du temple
Ces gardiens de l'entrée de l'Aménophium sont les deux colosses de Memnon à l'effigie du roi. Taillés chacun dans un seul bloc de quartzite rose et hauts de 19,50 m, ils ont survécu à la ruine du temple.

Au XVIe siècle, un traducteur de Philostrate décrit un tableau de marine hallucinant : « Les galères, voiles déployées, passaient entre ses jambes. » Quant aux gravures, elles expriment également la plus grande fantaisie avec, par exemple, un Gulliver athlétique à tête d'Apollon, armé d'un arc et d'un carquois et brandissant la flamme olympique, qui laissait filer entre ses jambes un grand mât, le sexe frôlé par le pavillon du navire flottant au vent du départ.

Précurseur de la statue de la Liberté

Il est évident aux yeux d'un architecte que, pour se maintenir en équilibre, le Colosse devait obéir aux lois de la verticalité, comme une colonne ou un obélisque. Il devait avoir les jambes serrées, et, s'il avait un bras levé, ce ne pouvait être que dans le prolongement du corps, l'autre restant collé au buste, au garde-à-vous. Bref, le modèle de l'athlète au repos. Que pouvait-il porter ? Peut-être un flambeau, si l'on en croit un poème grec : « sur terre et sur mer, il allume le doux flambeau de la liberté. » Le sculpteur français Frédéric Auguste Bartholdi a probablement songé au Colosse en concevant la statue de la Liberté (1874-1886) qui s'élève à 93 mètres au-dessus de la mer sur l'île de Bedloe, saluée par des millions d'immigrants dans la rade de New York. Cependant, rien véritablement ne prouve que le Colosse ait porté un flambeau. Sa couronne radiée, telle qu'elle apparaît sur les images d'Hélios estampées sur les amphores ou gravées sur des médailles, pouvait éclairer le port de Rhodes et davantage.

Pour établir la forme des œuvres monumentales disparues, les chercheurs en sont souvent réduits à s'inspirer des objets de petite dimension qui les représentent, seuls témoins à avoir survécu aux séismes et aux pillages artistiques. Le miniature, miroir historique des géants du passé, constitue ainsi une aide précieuse pour les études et les reconstitutions.

Dans l'épopée homérique, les dieux et les héros laissent aux monstres le gigantisme. La taille démesurée n'était pas la marque de vertus ou de puissance. Elle avait une valeur symbolique, plus négative que positive.

D'où vient donc ce goût plus tardif des Grecs pour le colossal ? Peut-être de l'influence de la culture égyptienne qui rayonna jusqu'aux Cyclades. En effet, au Nouvel Empire, les statues des pharaons divinisés rivalisaient d'ampleur.

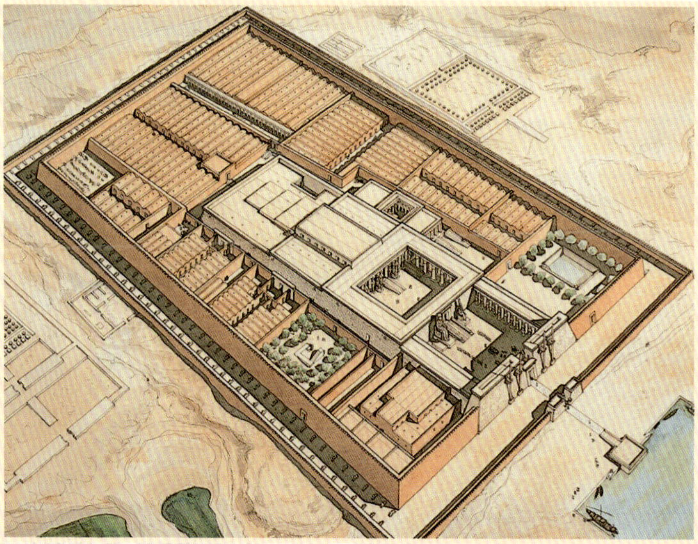

À Thèbes-ouest, une demeure d'éternité
Dans la ville des morts, la Thèbes occidentale, Ramsès II disposait d'un vaste temple funéraire, le Ramesseum. Dans la première cour intérieure, un colosse dit « Soleil des princes ».

À Abou-Simbel
À l'entrée du grand temple, les quatre statues colossales de Ramsès II, sculptées à même le rocher, atteignent près de 21 mètres. Entre leurs jambes sont lovées des statues représentant des parents du pharaon.

Une sentinelle dans le port

Si les architectes d'aujourd'hui s'efforcent encore de concevoir la posture la plus vraisemblable du géant de Rhodes, en éliminant ce qui est pure fiction, l'emplacement de l'œuvre, qui a suscité aussi bien des débats, est plus certaine.

Certes, des chercheurs ont remis en question sa position de sentinelle portuaire, en situant la statue à l'intérieur de la cité rhodienne, sur le site d'une église. Néanmoins, l'hypothèse de sa présence sur le port de Mandraki l'emporte. Le Colosse aurait été élevé sur un môle, dans l'espace actuellement occupé par le fort Saint-Nicolas, lui-même bâti au XVe siècle à l'endroit d'une chapelle consacrée à ce saint. Le socle rocheux était de nature à supporter une construction monumentale. Et ce môle qui défend l'entrée du port était le lieu idéal pour que le Colosse apparaisse en premier plan à tous les navigateurs approchant la cité. Un élément de preuve a été fourni par des fouilles archéologiques : un bloc de marbre blanc réutilisé pour le fort. Or, d'après Pausanias, témoin oculaire, le podium du Colosse était bien de cette matière-là.

Figure de proue en sa position avancée, le géant à la couronne solaire avertissait tout envahisseur potentiel que, sous sa protection, Rhodes était inexpugnable. Bien sûr, il ne garantissait pas contre le risque majeur d'une catastrophe naturelle, mais, même couché, le « second soleil » ne perdit pas tout pouvoir magique aux yeux des insulaires.

Face au Colisée de Rome
La grande statue de l'empereur Néron (54-68) portait une couronne solaire comme celle du dieu Hélios. Le vaste amphithéâtre romain doit son nom latin, Colosseum, *à cette colossale sculpture.*

La démesure, exception à la règle grecque

Bien que la Grèce classique n'ait pas eu le goût de la démesure – les Attiques se méfiaient de l'*ubris*, « l'excès, l'outrance » –, le Colosse de Rhodes n'est pas un ovni. Certes, la vertu héroïque, ni même la puissance, ne s'estimait à l'aune de la stature. La représentation grandeur nature seyait aux dieux. La taille humaine semblait suffire, et on les « incarnait » volontiers dans le corps d'un athlète. Néanmoins, au VIe siècle avant J.-C., la fièvre du gigantisme n'épargna pas la mer Égée : on vit alors se dresser dans des îles, comme Samos, des kouroi (statue de jeune homme nu) de 5 à 6 mètres de hauteur.
« Sans qu'il s'agisse d'une mode prégnante, observe Alain Pasquier, conservateur en chef au département des Antiquités grecques du Louvre, certaines motivations mêlant le politique et le religieux ont pu faire opter pour des représentations colossales de la majesté divine. Ainsi, en Ionie, à Claros, ancienne cité d'Asie Mineure, le temple d'Apollon divinatoire abritait des statues du dieu tutélaire et d'Artémis de 4 à 5 mètres. »
À Athènes, debout sur l'Acropole, *Athéna Promachos*, et, à l'intérieur du Parthénon, *Athéna Parthénos* devaient, comme des vigies monumentales, impressionner à la ronde et exalter la grandeur du siècle de Périclès. Mais le surdimensionnement du Colosse de Rhodes, lié au culte solaire, s'apparente à la tradition de la statuaire orientale. Alain Pasquier ajoute : « Les sculpteurs de cette île capitale du Dodécanèse, dont l'école exerça une grande influence sur l'art de la Méditerranée hellénistique, cultivèrent la forme massive. »

Le Phare d'Alexandrie

Vue générale de l'antique Alexandrie depuis le lac Maréotis.

La dernière des Sept Merveilles à avoir été inscrite sur la liste canonique a elle aussi disparu. Victime de séismes et de démantèlements, elle resurgit aujourd'hui. Des fouilles sous-marines récentes ont mis au jour des fragments monumentaux de la splendeur engloutie de l'Alexandrie antique. Et son Phare, qui fit tant rêver et fantasmer chercheurs et artistes, remonte à la surface de notre mémoire collective. Trop longtemps livrée à notre imaginaire, la « lumière » d'Alexandrie redevient une réalité.

Le Phare d'Alexandrie
Un gratte-ciel pharaonique
de 135 mètres de haut.

Une statue au sommet du Phare

Le troisième niveau du Phare était coiffé d'un lanterneau. Celui-ci servait probablement à la fois de socle à une statue sommitale et de réceptacle au foyer, qui, entretenu en permanence, produisait le fanal. Sous les traits de quelle divinité la statue dominait-elle la Merveille : ceux de Zeus, de Poséidon ou de Sôter Ptolémée, le pharaon divinisé ?

La cité d'Alexandre, entre mer et lac

Les plans d'Alexandrie furent dessinés par l'architecte Dinocratès de Rhodes, qui adopta le tracé en damier. Ce modèle avait été conçu cent ans plus tôt par Hippodamos à Milet, sur la côte de la mer Égée. La cité d'Alexandre, bâtie entre la mer et le lac Mariout (Maréotis), fut divisée en cinq quartiers. Sa population comptait déjà 250 000 habitants, à l'époque de la construction du Phare (IIIe siècle avant J.-C.).

La plus grande bibliothèque du monde hellénistique

Certes, le Phare guidait le navigateur entre les écueils vers Alexandrie, mais il brillait aussi d'une autre lumière éclairant le monde : celle de la Bibliothèque. Ce temple du savoir, doté d'un demi-million d'ouvrages sur cuir ou papyrus, faisait écho à une autre institution culturelle, le Mouséion, demeure des muses, rassemblant philosophes et savants de toutes disciplines.

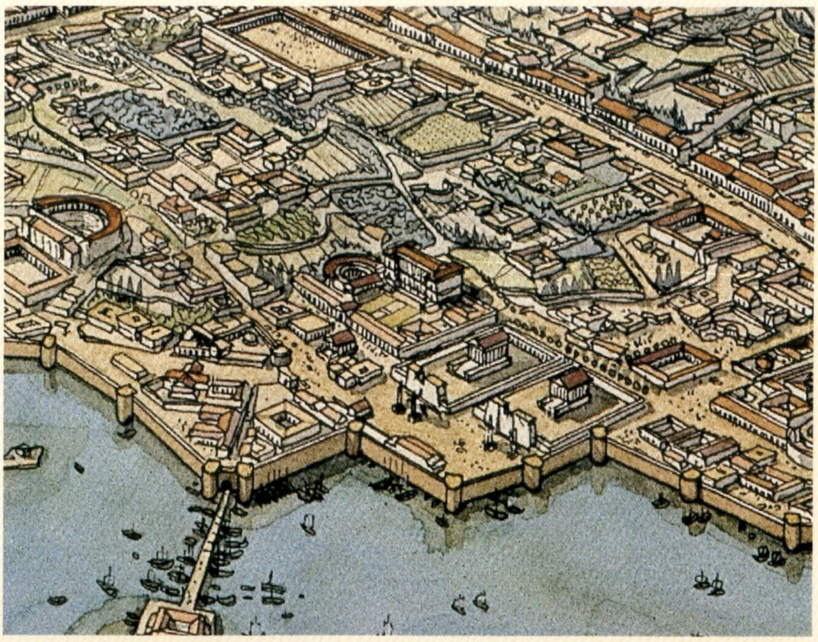

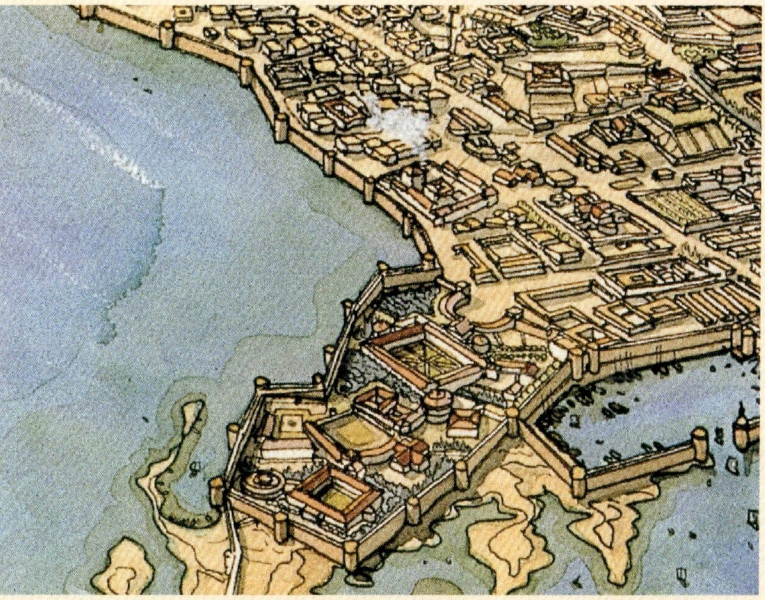

Le palais royal, une cité interdite

Dans son enceinte, le siège du pouvoir – un ensemble architectural de plusieurs palais royaux situé sur la presqu'île du cap Lochias – évoque une cité interdite, une ville dans la ville. Édifié à l'extrémité d'une jetée, un amer délimite avec le Phare l'entrée du port principal.

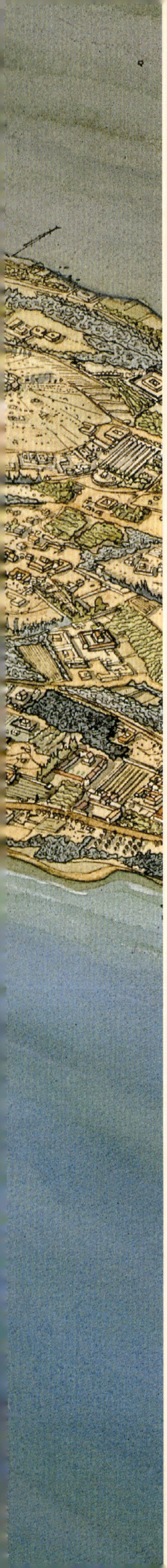

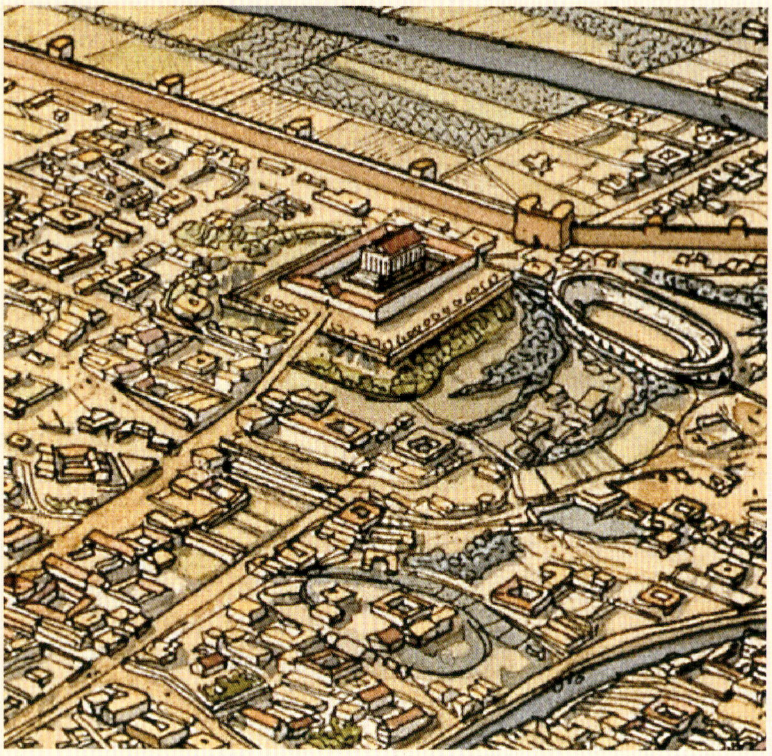

Une colline sacrée pour le dieu tutélaire
Lieu consacré au dieu Sérapis, le Sérapéion occupait une colline près des murs. La divinité hybride cumulait les attributs des dieux égyptiens, Osiris et Apis, et ceux des dieux grecs, Hadès, Dionysos et Poséidon. Elle gouvernait aux morts, apportait la fertilité, guérissait et protégeait les marins. Le rayonnement d'Alexandrie a contribué à essaimer le culte de Sérapis jusqu'en Asie Mineure.

La tour de l'île du pharaon
Chantée par Homère, l'île de Pharos était reliée à la côte par une jetée de sept stades, l'Heptastadion. Érigée sur un rocher à une extrémité de l'île, la tour était ancrée sur une plate-forme quadrangulaire de 6,96 m de haut. À son emplacement se dresse aujourd'hui un fort ottoman de l'époque mamelouk. Des fragments de l'ancien Phare ont été découverts immergés à proximité.

La lumière éclairant le monde

La tour lumineuse d'Alexandrie a été l'ancêtre des phares de la Méditerranée antique, mais elle a aussi inspiré les architectes des grands minarets. Disparue, la Septième Merveille a pris des allures fantastiques. La voici restituée dans sa splendeur réelle.

Modèle d'architecture verticale, gratte-ciel pharaonique, comment qualifier l'originalité du Phare d'Alexandrie ? Sa taille, son équilibre aérien n'expliquent pas à eux seuls la fascination qu'exerça le monument dans l'Antiquité et sa gloire posthume des siècles après sa destruction. Sa position à l'entrée du port d'Alexandrie, sur un rocher à l'extrémité de l'île de Pharos, fut déterminante. À sa fonction utilitaire s'ajoute une valeur symbolique. La tour guidant le marin aux approches de la cité était aussi la porte maritime de l'empire d'Alexandre le Grand ; elle célébrait le rayonnement de la grande cité sur la civilisation méditerranéenne et l'éclat de celle-ci a rejailli sur sa balise majeure.

Inscrit en dernier sur la liste canonique des Merveilles, le Phare est néanmoins le plus médiatique des sept prodiges. Il va sans dire que les fouilles sous-marines effectuées à partir de 1994 et qui ont révélé l'existence de vestiges immergés par 8 mètres de fond – notamment blocs en calcaire blanc, colonnes en granit rose, fragments de statues colossales – n'ont pas peu contribué à redonner un lustre international à la Merveille disparue.

Jamais un monument civil n'a été autant vénéré et n'a inspiré autant de fantasmes. Dans la tradition des conteurs, le Phare n'a cessé de grandir, jusqu'à être chanté comme une tour sans fin dépassant 2 000 mètres de hauteur.

Une tour habitée
Cette reconstitution, inspirée de l'étude de Hermann Thiersch, archéologue allemand, a été actualisée par de récentes découvertes. Selon une nouvelle hypothèse, la rampe d'accès aurait eu seize arcades. Les fenêtres n'étaient pas alignées mais décalées pour suivre la pente. La tour était habitée. Le premier étage aurait compté cinquante pièces de service pour le personnel.

De nombreux témoignages écrits, gravés, sculptés se font l'écho de sa renommée. Certains, de valeur historique, ont aidé les chercheurs à restituer la Merveille. Des monnaies romaines, des bas-reliefs sur des vases, des gobelets, des sarcophages, des mosaïques l'ont représentée, et des manuscrits l'ont décrite. Strabon, Pline l'Ancien, Flavius Josèphe, Vitruve, Quintus Curtius ont vanté la majesté de son architecture; les chroniqueurs arabes ont renchéri dans leur admiration.

Leurs éloges mêlent le réel à l'imaginaire, et les effigies n'ont pas valeur de maquettes ou de plans renseignant exactement sur l'architecture d'origine, œuvre de Sostratos de Cnide.

Mesuré à la corde

La première description précise que l'on a pu recueillir est donnée par un musulman de Malaga, Ibn al-Sayg. Plus connu sous le surnom d'al-Andalusi, il se rendit en 1165 à Alexandrie et mesura le monument à l'aide d'une corde lestée. D'après son calcul, le phare s'élevait à 135 mètres (la flèche de la cathédrale de Strasbourg à 142 mètres).

L'édifice, reposant sur une plate-forme, était une pièce montée de trois étages.

Le premier niveau avait la forme d'un carré, le deuxième était octogonal, le troisième circulaire. Au XIIe siècle, la partie sommitale était coiffée d'une coupole percée de quatre portes. Sans doute une mosquée. À cette époque, le phare avait été remanié. Cependant, des mosaïques et des monnaies antiques confirment les structures carrée et octogonale, et font apparaître que le sommet était dominé par une statue.

Des phares construits ultérieurement sur les côtes méditerranéennes reproduisent ce principe architectural. Leurs bâtisseurs ont dû prendre pour modèle le Pharos.

Le Phare d'Alexandrie, dont le chantier a duré sept ans et qui a été inauguré en 283 avant J.-C. par

La tour d'Hercule
A l'extrémité nord de la presqu'île de La Corogne (Galice) se dresse encore sur un promontoire la torre d'Hercules, *la « tour d'Hercule ». Ainsi était appelé le phare romain de La Coruña. Il était étagé en plans inclinés.*

Un port de Libye
Durant la période hellénistique et romaine, de nombreuses tours éclairées ont été construites sur les rives de la Méditerranée. À l'exemple du phare de Leptis Magna (aujourd'hui Lebda), à l'entrée de ce grand port de Libye, elles permettaient aux marins en approche des côtes basses de se repérer.

Ptolémée II (fils du bâtisseur, Ptolémée Ier), a connu des avatars au cours des siècles de notre ère avant d'être ravagé par un tremblement de terre et démantelé au XIVe siècle.

Janvier 2000. Sur le front de mer d'Alexandrie, le fort Qaitbey : une mosquée se dresse à l'intérieur de la forteresse mamelouk. Les coins de la base carrée du sanctuaire correspondent aux quatre points cardinaux, et, fait insolite, cette mosquée n'est pas orientée vers La Mecque. Édifiée sur les fondations du prestigieux Phare, elle est orientée comme il l'était. Le fort qui l'abrite a été construit avec les matériaux prélevés dans les ruines du Phare. Dans la salle de prières, le jour pénètre par les ouvertures de la lanterne du toit. Levons les yeux aujourd'hui : il devient alors possible d'évoquer les rampes en spirale montant vers la lanterne lumineuse de la tour antique et d'imaginer la longue procession des ânes chargés du combustible nécessaire à l'entretien de la flamme du fanal.

« Minaret » vient de *el manar*, lieu où brûle le feu. Septième de la liste des Merveilles du monde, le Phare, non content de servir de modèle architectural à tous les autres phares de l'Antiquité, a également inspiré la silhouette des grands minarets du Caire et de Cordoue.

Pièce témoin : un gobelet

Pour restituer le Phare au regard contemporain, il faut au préalable confronter les témoignages anciens, les précédentes reconstitutions, les résultats des fouilles sous-marines et établir la concordance des sources. Au début du XXe siècle, un archéologue allemand, Hermann Thiersch, a entrepris ce travail systématique, et son étude apparaît aujourd'hui comme une synthèse plausible. Toutefois, à la lumière des découvertes récentes, elle appelle quelques correctifs. La base du monument était sans doute plus massive que Thiersch ne l'a représentée, et l'ensemble moins

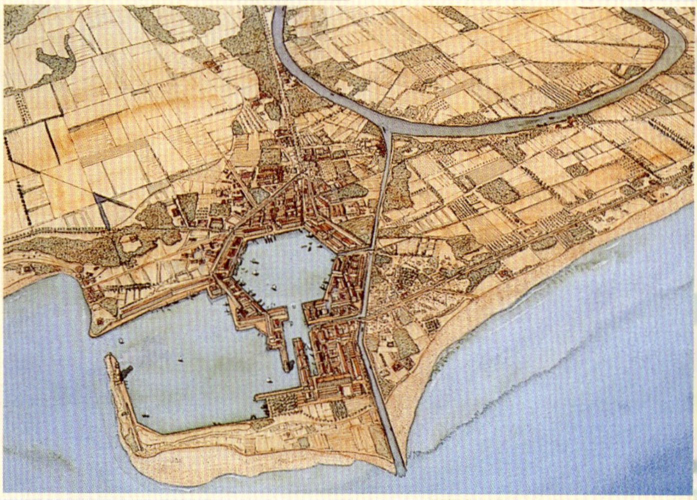

Le phare de Rome
À l'embouchure du Tevere se dressait le phare monumental d'Ostia Antica (construit vers 50). La cité, fondée au IVe siècle avant J.-C., fut pendant six siècles le plus grand port de Rome. La technique pour permettre l'édification du soubassement consistait à couler sur le lieu un bateau chargé de pierres.

Sur l'Adriatique
Les phares antiques sont tous inspirés du modèle du Phare d'Alexandrie à trois niveaux. Comme ici le phare de Dyrrachium, ou d'Épidammos, sur la côte adriatique à Durrës (en Albanie).

élancé. Les dernières recherches alexandrines tendraient à le prouver. L'assise du Phare avait probablement une forme quadrangulaire évoquant davantage les arêtes inclinées des pylônes d'entrée des temples égyptiens que la verticale d'une tour. Pour ce qui est de la partie supérieure, Thiersch, en recensant les représentations visuelles et les textes descriptifs, ne disposait en 1909 ni de la mosaïque de Qasr el-Libya ni de l'entaille d'un gobelet en verre trouvé au nord de Kaboul attestant de la présence d'une statue au sommet du Phare.

Deux tours en une

Mais quelle divinité dominait ainsi le paysage alexandrin ? La controverse sur son identité n'est pas éteinte. Était-ce Sôter Ptolémée Ier, le pharaon bâtisseur divinisé ? Ce général d'Alexandre le Grand monté sur le trône d'Égypte aurait pu être représenté en Zeus portant la foudre. Les Romains l'auraient-ils remplacé par Poséidon ? On a aussi avancé l'hypothèse d'une divinité, mi-grecque, mi-égyptienne. Si la présence, dès l'origine, d'une statue sommitale en bronze est admise par les historiens, la question du « feu » du Phare est encore débattue.

Selon Strabon, le fanal était visible dans un rayon de 55 kilomètres. Comment la statue colossale pouvait-elle cohabiter au faîte avec un grand foyer alimenté en permanence avec du bois, de l'huile ou du naphte ? De deux choses l'une, le feu était entretenu soit en contrebas, sur la plate-forme du deuxième étage, soit, au troisième, dans un édicule à claire-voie soutenant la statue. Cette dernière solution, qui place la flamme à l'altitude la plus élevée, semble la plus vraisemblable. C'est pourquoi un très récent dessin de restitution a adopté la version du lanterneau.

Au XIXe siècle, on prêtait volontiers aux architectes de l'Antiquité des conceptions d'ingénieur. Et si au Moyen Age on contait la légende du « phare cracheur de feu », on décrivait, à l'époque d'Eiffel, le jeu de

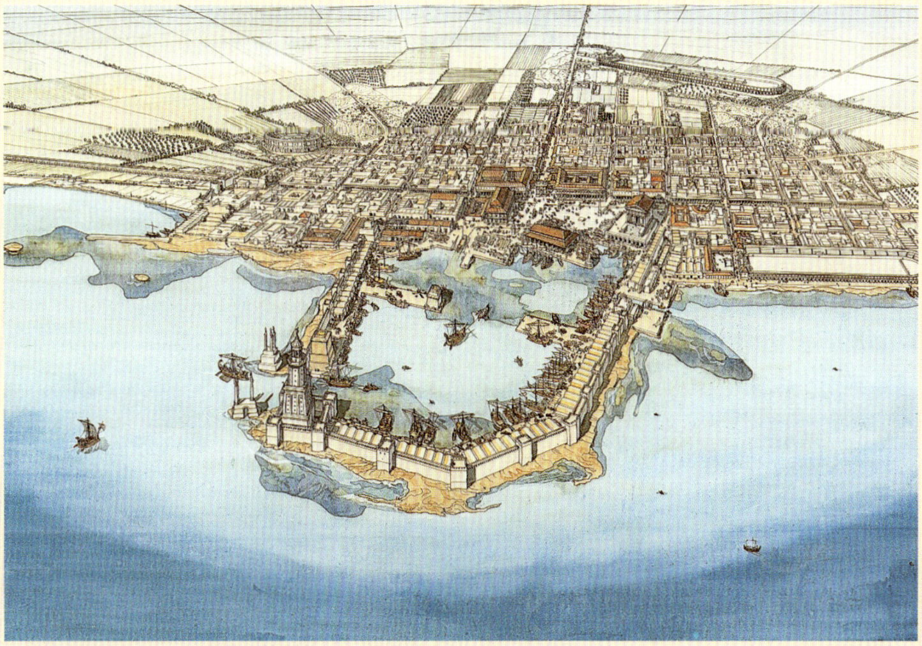

Un Pirée romain
Au Ier siècle avant J.-C., César Auguste agrandit le port d'une ancienne escale phénicienne sur la route maritime de l'Égypte et lui donna le nom de Césarée. D'après l'historien Flavius Josèphe, le nouveau port romain était « plus grand que le Pirée d'Athènes ». Le site se trouve sur la côte israélienne.

Voisin et rival
Avec son lanterneau et sa statue sommitale, le phare de Taposiris Magna a été souvent comparé à celui d'Alexandrie. Cette tour à trois étages se situe à 48 kilomètres à l'ouest de la cité alexandrine.

miroirs convexes dont aurait été équipée la lanterne du Phare.

Une remise en question s'impose. Au temps des Ptolémées, de tels édifices étaient appelés « tours éclairées ». Le mot « phare » a été créé pour nommer la tour géante du port d'Alexandrie. Il fut emprunté au nom de l'île sur laquelle elle fut édifiée, Pharos, qui veut dire « île du pharaon ». Rien à voir avec un terme de marine.

Le paradoxe est que la première tour lumineuse à être désignée comme « phare » n'aurait peut-être pas été conçue selon l'acception devenue familière à tous les navigateurs. Elle aurait été un « amer » – c'est-à-dire un repère visible de jour – pour les marins phéniciens, puniques, grecs et romains. En effet, dans les représentations des ports de l'Antiquité, on voit souvent deux tours, l'une avec un signal fixe, l'autre avec un feu nocturne.

Le triomphe d'Alexandrie est d'avoir élevé à l'entrée de son port une tour remplissant les deux fonctions, aussi spectaculaire pour sa taille que pour ses feux. Une tour jetant sur le monde méditerranéen une lumière autant spirituelle que matérielle. Le Pharos portait au loin la gloire de la cité d'Alexandre. Aide à la navigation, il projetait dans l'imagination des voyageurs une lumière quasi totémique.

Les révélations des fouilles sous-marines

En plongeant au pied du fort mamelouk implanté sur le site du Phare, les équipes du Centre d'études alexandrines dirigées par Jean-Yves Empereur ont été confrontées à un chaos immergé, où pêle-mêle gisent par le fond des milliers de blocs de pierre. La difficulté pour l'archéologue est de distinguer, dans ce fatras – où se côtoient des fûts de colonne de toutes tailles, des chapiteaux, des sphinx et des statues colossales en pièces détachées –, « ce qui provient des ruines de la ville même et ce qui appartient au Phare ». Les données des relevés topographiques répertoriés par les plongeurs ont été informatisées, et une carte électronique a pu être établie. Après quoi, les opérations de levage ont commencé.

On a ramené sur le quai du port une statue d'un Ptolémée que l'on a associée à une statue de reine représentée en Isis déjà sauvée des eaux. Il pourrait s'agir des colosses divinisés qui gardaient l'entrée du Phare. Autre découverte. Les plongeurs ont relevé des blocs pourvus de mortaises où étaient fixées des broches bardées de plomb.

Or une description datant du XVIIe siècle précise que les assises de pierre étaient scellées avec du plomb fondu. Autre indice confirmant que l'on se trouve bien sur le site de la Merveille : sur un bloc de marbre recueilli au cours des fouilles, l'archéologue a décrypté les traces de lettres grecques pouvant être un fragment de l'inscription dédicatoire qui, sur la paroi nord, portait le nom de l'architecte du Phare, Sostratos de Cnide.

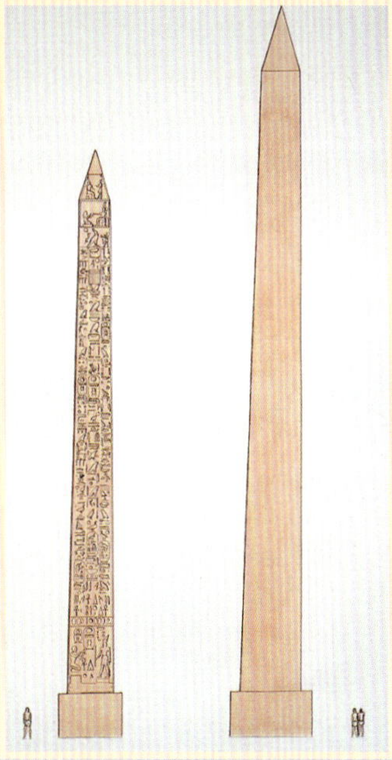

Un concours de monolithes
Cette illustration présente une mise en parallèle du grand obélisque de Karnak (32 mètres) et de l'obélisque d'Assouan (41,75 m) qui devait être le plus haut de l'Empire égyptien. Toutefois, inachevé, ce dernier n'a jamais été levé. L'obélisque de Louqsor, qui fut transporté place de la Concorde à Paris, mesure 23 mètres.

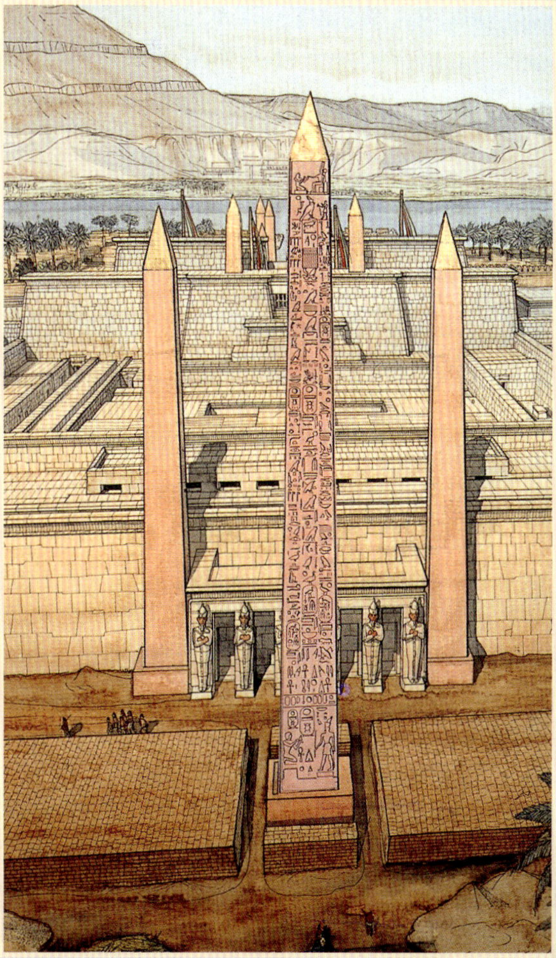

La pierre levée solaire
Dans l'axe est-ouest de l'enceinte sacré de Karnak (Thèbes-est), entre le temple d'« Amon qui écoute les prières » et la salle de prières de Thoutmosis III, fut érigé un grand obélisque. La haute colonne solitaire (32 mètres) précède deux obélisques jumeaux de moindre taille (24 mètres). Dans la conception pharaonique, l'architecture verticale à pyramidon porte la lumière solaire.

De Sept
à Cent sept Merveilles

La liste des Sept Merveilles, sans doute établie au temps d'Alexandre le Grand, magnifie et privilégie la culture hellénistique, alors dominante. On ne doute plus, au vu de leur restitution, que, si ces Merveilles n'étaient pas sans rivales à leur époque, leur gloire ne fut pas usurpée. Preuve en est que leur pouvoir de faire encore rêver n'est en rien diminué par la recherche d'exactitude qui a inspiré chaque tableau de cet album.

Mais le panorama des sommets de l'architecture antique ouvre aussi une voie royale. A l'aube du IIIe millénaire, dans un monde de cultures plurielles qui entend défendre la notion de patrimoine de l'humanité, la liste de Philon de Byzance mériterait d'être élargie à toutes les civilisations.

Les images du *Monde des Sept Merveilles*, dues au talent de Jean-Claude Golvin, témoignent des connaissances et de la sensibilité contemporaines. Elles s'inscrivent dans une actualité et seront des références pour les générations futures, lesquelles auront la responsabilité de les mettre à jour en y intégrant les dernières découvertes archéologiques, toujours susceptibles de modifier la restitution graphique. Aussi la « méthode Golvin » peut-elle dès à présent s'appliquer à bien d'autres Merveilles.

L'heure est peut-être venue de renouveler un concours, qui, au fond, n'a jamais été clos, de lui donner enfin une dimension mondiale. En voyageant dans les siècles et sous toutes les latitudes, et en s'interrogeant sur les monuments qui ont marqué l'apogée d'autres civilisations, de nouvelles listes s'ajouteraient à la liste canonique. De sept en sept, on sélectionnerait assurément plus de cent chefs-d'œuvre d'architecture et de sculpture monumentale... qui répondraient aux critères d'innovation, de valeur symbolique du site, de défi technologique et de réussite esthétique.

Ce qui vaut pour l'héritage grec ou égyptien vaut également pour l'héritage mésopotamien, romain, asiatique, ou encore précolombien. Ce qui vaut pour l'Antiquité vaut également pour les âges qui lui ont succédé. Aussi, sur une idée ancienne et limitée à un espace géographique, imaginons un élargissement, vers des ailleurs plus lointains ou plus proches. Sur les œuvres remarquables du passé – fruits du génie humain –, jetons notre regard moderne et sans frontières d'héritiers curieux, savants et ouverts.

Cet ouvrage n'a pas pour seule ambition de faire visiter les « belles ruines » des sites prestigieux de notre mémoire collective, mais de stimuler le goût esthétique et le sens critique face aux grands travaux d'aujourd'hui et de demain. Le « jamais vu » ne se bâtira pas avec des citoyens amnésiques. Et c'est un signe des temps que de voir des architectes exercés à restituer l'image de cités disparues dessiner des décors virtuels dans lesquels l'internaute se plaira à circuler...

Lexique des termes architecturaux

ACROTÈRE
Socle placé aux extrémités ou au sommet d'un fronton, et servant de support à des statues ou à des ornements.

CELLA
Pièce principale d'un temple.

CORINTHIEN, ORDRE
C'est le plus récent des trois ordres d'architecture grecque. Apparu au Ve siècle avant J.-C., il s'est généralisé à l'époque hellénistique et constitue une variante de l'ordre ionique. Néanmoins, la colonne corinthienne, cannelée, se distingue par son chapiteau décoré de feuilles d'acanthe. Le temple de Bassae, en Arcadie, la tholos de Delphes et celle d'Épidaure illustrent cet ordre.

DORIQUE, ORDRE
Il s'agit du plus ancien des trois ordres de l'architecture grecque. La colonne dorique est érigée directement sur le soubassement de l'édifice. Elle est tronconique, trapue et dotée de seize ou vingt cannelures; son chapiteau, de forme évasée, supporte une dalle carrée.

IONIQUE, ORDRE
Deuxième des trois ordres grecs classiques, il s'est développé au VIe siècle avant J.-C. sur la côte ouest de l'Asie Mineure, dans les îles proches des Cyclades, et plus tard à Athènes. La colonne ionique est plus élancée, plus mince que la colonne dorique. Elle repose sur une base moulurée, son chapiteau est à volutes et son fût compte vingt-quatre ou trente-deux cannelures.

HYPOGÉE
Tombeau souterrain. Dans sa forme la plus simple, c'est un caveau creusé dans le roc auquel on accède par un puits ou un escalier. Parmi les plus célèbres, il faut citer ceux du Nouvel Empire, à Thèbes, dans la Vallée des Rois et dans la Vallée des Reines.

HYPOSTYLE
Salle de temple égyptien dont le plafond est porté par des colonnes.

MASTABA
Monument funéraire égyptien des notables de l'Ancien Empire. De forme trapézoïdale, les mastabas étaient composés d'une chapelle et d'un caveau érigés non loin de la pyramide royale.

MÉGARON
Salle rectangulaire à foyer fixe central et dont l'entrée est un porche.

MÉTOPE
Intervalle parfois orné de reliefs, sous un bandeau horizontal. Dans la frise dorique, la métope alterne avec des triglyphes (plaque en creux).

NAOS
Dans l'Antiquité grecque, partie intérieure d'un temple qui abrite l'image du dieu. Dans l'Égypte ancienne, édicule de bois ou de pierre se trouvant dans le sanctuaire d'un temple et destiné à recevoir la statue du dieu.

ORDRE
Combinaison harmonieuse des différents éléments d'un ordre architectural. L'ordre caractérise la forme et la disposition des parties qui le constituent (soubassement, colonne, entablement) et qui traduisent diverses façons de construire. *(Voir aussi Corinthien, Dorique, Ionique.)*

PÉRIPTÈRE
Ce terme qualifie un édifice entouré de tous côtés par une colonnade, ou péristyle, formant portique le long des murs. Le plus courant est hexastyle (six colonnes), comme le temple de Zeus à Olympie.

PÉRISTYLE
Galerie à colonnes ou rangée de colonnes entourant un espace (cour, bâtiment) ou ornant une façade.

PRONAOS
Dans un temple grec, vestibule, en avant de la pièce principale.

PROPYLÉE
Porte monumentale d'un sanctuaire. On peut citer les propylées d'Olympie, mais les plus célèbres sont ceux d'Athènes.

STYLOBATE
Dans l'architecture classique, c'est un soubassement, un socle ou une plate-forme qui supporte une colonnade.

TAMBOUR
Pierre cylindrique qui compose le fût d'une colonne grecque.

THOLOS
Dans la Grèce antique, édifice circulaire à coupole supporté par une seule rangée de colonnes; ce temple pouvait avoir une vocation cultuelle, funéraire ou profane.

ZIGGOURAT
Construction à étages en forme de pyramide, utilisée pour les édifices religieux de l'Antiquité mésopotamienne.

Index

Bibliographie

- Walter Andrae, *Babylon, die versunkene Weltstadt und ihr Ausgräber, Robert Koldewey,* W. de Gruyter, Berlin, 1952.
- Mikael Ashley, *The Seven Wonders of the World,* Fontana, Londres, 1980.
- Philippe de Carbonnières, *Olympie, la victoire pour les dieux,* CNRS Éditions, 1995.
- Ernst Curtius, *Olympia, die Ergebnisse der von dem deutschen Reich veranstalteten Ausgrabung,* Friedrich Adler, Berlin, 1890-1897.
- Pierre Demargne, *Naissance de l'art grec,* L'Univers des formes, Gallimard, 1964.
- Jean-Yves Empereur, *Alexandrie redécouverte,* éditions Fayard, Paris, 1998.
- H. A. Frankfort, *The Art and Architecture of the Ancient Orient,* Yale University Press, New Haven et Londres, 1970.
- Albert Gabriel, *La Cité de Rhodes,* Éditions de Boccard, Paris, 1921-1923.
- Jean-Claude Golvin et Aude Gros de Beler, *Voyage en Égypte ancienne,* Actes Sud/Errance, Arles-Paris, 1999.
- Marie-Christine Hellmann, *L'Architecture grecque,* Références Art, Librairie générale française/ Le Livre de Poche, 1998.
- David G. Hogarth, *Excavations at Ephesus, the archaic Artemisia,* Londres, 1908.
- Kristian Jeppesen, *Excavations at the site of the Mausoleum,* Aarhus University Presse, Copenhague, 1968.
- Robert Koldewey, *Das wieder erstehende Babylon,* Leipzig, 1925.
- Jean Philippe Lauer, *Le Problème des pyramides d'Égypte,* Payot, Paris, 1948.
- Charles T. Newton, *An History of Discoveries at Halicarnassus,* Cnidus and Branchidae, Londres, 1862.
- Hermann Thiersch, *Pharos Antike, Islam und Occident, ein Betrage zur Architekturgeschichte,* B.G. Teubner, Leipzig, 1909.
- Donald J. Wiseman, *Mesopotamian Gardens,* Anatolian Studies, 1983.
- Leonard Wooley, *Ur, histoire d'une découverte,* Collection Les Hauts lieux de l'Histoire, Albert Guillot, 1957.

- Exposition « Du Nil à Rome » : la restitution du Circus Maximus étudiée par l'Institut Ausonius, en collaboration avec Paola Ciancio Rossetto, de la Surintendance communale de Rome.

Remerciements particuliers à :

Mounir Bouchenaki, de la Division du patrimoine culturel de l'UNESCO ;
Annie Caubet, Béatrice-André Salvini et Alain Pasquier, du musée du Louvre ;
Philippe de Carbonnières, du musée Carnavalet ;
Marie-Christine Hellmann, du CNRS ;
Salah el-Naggar, du Centre culturel d'Égypte à Paris.

Achevé d'imprimer par Milanostampa
Dépôt légal: Octobre 2000